INTRODUCTION

変わりゆく「柔道＝JUDO」への適応

文／上水研一朗［東海大学男子柔道部監督］

世界へ発展した柔道

柔道は、今や世界の「JUDO」へと進化し、多くの人々に認知される競技へと発展しました。2016年に開催されたリオデジャネイロ五輪では、男女合わせて14階級の中から、実に26カ国の国々にメダル（金メダルから銅メダルまで）が分散しました。これは柔道の普及・発展から見ると大変喜ばしいことではありますが、それと同時に、日本選手が「勝つ」ということ自体、格段に困難になってきている状況であるとも言えます。

現代の柔道事情

昔からある「柔道は日本発祥なのだから、日本人選手が一番強いはずだ」＝「日本のお家芸」という発想は、あながちまちがいではありませんが、見る角度を変えると、それはまちがいになります。

確かに外国人選手が日本で生まれた伝統的な柔道をそのまま行ってくれれば、日本人選手が一番強いはずです。しかしながら、外国人選手は、柔道の競技ルール内で、それぞれの国や地域に存在する民族格闘技を利用し、それを応用させながら、現代風に言う「JUDO」として戦っています。例をあげるなら、モンゴル相撲として有名な「ハルハ・ブフ」、軍隊格闘技としても発展したロシアの「サンボ」などがそれにあたります。そのため、日本の柔道には見られないような技術、技を繰り出されると、その時点で日本人選手は対応できなくなるという現象が起こってくるのです。

ひとつのことをやる時代から何でもやる時代へ

「二兎追うものは一兎をも得ず」「器用貧乏」「一心不乱」などという言葉が示すように、日本にはひとつのことを深く掘り下げ、脇目も振らずに打ち込む姿勢が大事であるという伝統的な考え方があります。

もちろん、私もその思想は大事だとは思いますが、その一方で、いろいろな競技においては、それがあてはまらないこともあると思います。

たとえば、プロ野球選手の大谷 翔平（おおたにしょうへい）投手（北海道日本ハムファイターズ）は165キロのストレートを投げますが、ストレートだけではどんなに速くても的を絞られ、打たれてしまうそうです。そこで、カーブやフォークボールなどの変化球と組み合わせることによって、ストレートをより生かすことができるという現象が起こってきます。

柔道も同じで、「背負投しかできない」となると、どんなに良い技でも相手に読まれてしまい、通用しません。「背負投も大外刈も内股もできる」ほうが、相手としてはより的が絞れず、勝つ可能性も高まるでしょう。ひとつの技だけに縛られず、多くの技に挑戦して習得することが大事であり、「器用貧乏」ではなく「器用裕福」を目指す時代になっているのです。

世界の格闘技の集合体

民族格闘技は、世界各地に存在します。裏を返せば、格闘技のない国はないと言っても過言ではありません。アマチュア競技で最高の桧舞台と言われるのはオリンピックですが、その格闘技の技術を競い合うことができるオリンピック競技は「柔道」と「レスリング」に限られます。そのため、着衣型の格闘技を得意とする選手たちが、みずからの栄誉を勝ちとるためにこぞって「JUDO」を目指すのは、当然の成り行きなのです。

キーワードは「心技体の柔軟性」

では、その民族格闘技の集合体となった「JUDO」で戦っていくためには何が必要なのでしょうか？ 私は「心技体の柔軟性」がキーワードだと考えています。

これまでの固定観念にとらわれない柔

**ハルハ・ブフ
（モンゴル相撲）**
モンゴル

世界のおもな民族格闘技

ブラジリアン柔術
ブラジル

カポエイラ
ブラジル

軟な発想（心）、相手に応じて組手や技を柔軟に変えられるだけの技術力（技）、突発的な動きや技に対応できケガを防ぐことのできる柔軟でしなやかな体力（体）、この3つが必要項目としてあげられると考えています。

なぜ6区画理論なのか？

本書では、先に述べた「心技体の柔軟性」のなかから、特に「技」の部分に焦点をあて、改めて日本的柔道の技術を見直し、「6区画理論」と称して世界の強豪といかに戦うかをテーマに、整理してみました。

柔道には右組、左組がありますが、右組同士、左組同士を「相四つ」、右組対左組を「ケンカ四つ」と呼びます。この「相四つ」と「ケンカ四つ」の相手を自分と比較し、①自分より背が高い、②自分と同じくらい、③自分より背が低い、に分類し、6つの区画に区分けしたのが、6区画理論です。

この6区画においては、それぞれ組手や生かすべき技術の基本が変化します。相手に応じて、さまざまな局面に対応して戦い抜くためにも、6区画における自分の技術を確立し、整理しておくことが必要であると考えています。

なお、6分割、6タイプなど、いろいろと呼称を考えましたが、ここではあくまでもタイプ別に区切るということで、区画という表現を使い、相手に応じて変化する技術の応用方法を紹介します。

私自身、まだまだ勉強の身ですが、本書が皆様の参考の一助となれば幸甚です。

パーフェクトレッスンブック
柔道 Judo

INTRODUCTION
変わりゆく「柔道＝JUDO」への適応 ……… 02

柔道の特性 …… 11

柔道で得られるものとは？（精神編）……… 12
柔道で得られるものとは？（肉体編）……… 14
幼少期にやっておくこととは？ ……… 16

立ち技の基本と戦術 6区画

contents

基礎運動 …………………………………………………………………18

- 開脚 …………………………………………………………………19
- あざらし ……………………………………………………………20
- ブリッジ（歩行）……………………………………………………21
- ブリッジ（起き上がり）……………………………………………22
- ブリッジ回転 ………………………………………………………23
- 逆立ち（手踏み）……………………………………………………24
- 逆立ち壁歩行 ………………………………………………………25
- 逆立ち歩行 …………………………………………………………26
- 逆立ちブリッジ回転 ………………………………………………27
- あざらし回転 ………………………………………………………28
- 片手ヒューマンチェーン …………………………………………29
- ヒューマンチェーン ………………………………………………30
- 帯持ち回転受け身 …………………………………………………31

幼少期における基礎運動の重要性 ……………………………………32

柔道6区画理論 ……………………………… 33

解説 柔道「6区画理論」………………………… 34
- 6区画に対応するためには？ ……………………… 36
- 「BIG 6」を覚えよう ……………………………… 38
- 相四つとケンカ四つ ……………………………… 40
- 引手の基本と使い方 ……………………………… 42
- 釣手手首の重要性 ………………………………… 44
- 釣手を整える ……………………………………… 46
- ケンカ四つの内入れひじと外出しひじ …………… 48
- 正方形ボックスとひし形ボックス ………………… 49
- 特殊な組手① さし組手 …………………………… 50
- 特殊な組手② 奥襟 ………………………………… 52

区画Bを攻略する …………………………………… 54
- 大内刈 ……………………………………………… 56
- 大外刈 縦手首 …………………………………… 60
- 大外刈 横手首 …………………………………… 64
- 大外刈から支釣込足 ……………………………… 68
- 背負投 ……………………………………………… 70
- 払腰 ………………………………………………… 74

区画Aを攻略する ……78
- 大内刈 ……80
- 大内刈 後ろ帯 ……84
- 小内刈から大内刈 ……88
- 背負投 ……90
- 背負投から小内刈 ……94

区画Cを攻略する ……96
- 払腰 ……98
- 払腰から支釣込足 ……102
- 小外刈から払腰 ……104
- 大外刈 ……106
- 大外刈から支釣込足 ……110
- 大外刈から小内刈 ……112

区画をE攻略する ……114
- 体落 釣手下 ……116
- 体落 釣手上 ……120
- 内股 釣手下 ……124
- 内股 釣手上 ……128
- 一本背負投 釣手下 ……132
- 一本背負投 釣手上 ……136

区画Dを攻略する ……………………………………140
　体落 ……………………………………………142
　大内刈　斜め …………………………………146
　大内刈から体落 ………………………………150
　大内刈から足払 ………………………………154
　背負投 …………………………………………156
　背負投から小内刈 ……………………………160
　一本背負投　釣手下 …………………………162
　一本背負投　釣手上 …………………………166
　一本背負投から小内刈 ………………………170

区画Fを攻略する ……………………………………172
　払腰 ……………………………………………174
　小外刈から払腰 ………………………………178
　内股　釣手上 …………………………………180
　内股から小外刈 ………………………………184
　内股から小内刈 ………………………………186

　監修者・撮影モデル紹介 ………………………………188

柔道の特性

勝つことも負けることも、すべて自分の身に降りかかってくる柔道は、結果責任を問われるという意味において、精神的にみずからを成長させてくれる。また、落ちる、転がる、倒れる、といった非日常的な身体の動きを日常化させ、しかも高い運動強度を求められるだけに、肉体的にも成長させてくれる。

柔道で得られるものとは？
（精神編）

柔道で学んだことを社会生活で生かす

　格闘技のひとつである柔道は、1対1の戦いです。一度対戦相手が決まれば、みずからが棄権しない限り、必ず戦わなければなりません。

　「この相手は強い、あるいは自分より身体が大きくて戦いたくないからパスする、交代する」といったことはできないため、結果責任は「勝つこと」も「負けること」も、残酷なまでに自分に降りかかってくることになります。

　この逃げられない状況で工夫して戦い、なおかつその結果責任をとる環境がみずからを成長させ、また社会にそれを生かすこともできると、私は考えています。

　また、柔道には必ず自分の身を守るために「受身」の練習を行いますが、そもそもこの「受身」は、投げられたときの対処の練習ですから、投げられる（＝負ける）場面の想定をしていることになります。投げることよりも、投げられることを前提に考えるということは、成功したときよりも失敗したときのリスクを前提に考えるリスクマネジメントに通じる考え方であり、現代社会にも応用できるでしょう。

　たとえば、iPS細胞を発明した山中伸弥教授は、中学校時代からの柔道経験を振り返って、次のように述べていたことがあります。

　「（柔道の）先生からよくいろんなお話をうかがったのですが、そのなかに『柔道は単調な日々の繰り返し。実は人生も同じだ』という言葉がありました。毎日が辛い練習だけど、柔道の場合、年に何回か試合という自分を発揮する機会がある。そこで負けて泣くかもしれないけれど、ときに勝ってうれしい涙を流せることもある。しかし、それは1日、2日

2012年にノーベル生理学・医学賞を受賞した山中伸弥教授は中学時代から柔道をしていた

柔道黒帯のロシアのプーチン大統領。2016年12月に来日した際に講道館を訪問した

父親の影響で少年時代には柔道もしていたフランスの元サッカー選手ジダン

で終わってしまって、また単調な日々が始まる。そういうなかでも、あきることなく、その単調さに勝っていかなければならない。人生もそれと同じであるという主旨のお話でした」(「まいんど」Vol.1／創刊記念スペシャル対談　山中伸弥 vs 山下泰裕より)

このように、現代社会において必要な要素を学ぶことができるひとつの手段として、「柔道」は役立つと思われます。

日本人以外でも、ロシアのウラジーミル・プーチン大統領、米国のメジャーリーガーで、ワールドシリーズで先発した経験を持つトミー・ハンター投手、あるいはサッカー界のレジェンドで、現在スペインの名門レアル・マドリードを率いるジネディーヌ・ジダン監督も、柔道で学んだ経験が生きていると述べていたことがあります。

競技者の目標として、オリンピック金メダルや世界チャンピオンを目指すのはとても良いことだと思いますが、それと同時に、柔道から学んだことをいかに自分の人生に生かしていくかということも、合わせて考えてほしいと思います。

少年時代には柔道の全米王者に輝いたこともある元メジャーリーガーのトミー・ハンター

柔道の特性　13

柔道で得られるものとは？
（肉体編）

柔道で非日常的動作を身につける

　人間の日常生活では、通常、立つ、座る、歩く、走る、（物を）投げるなどの動作が一般的であり、私たちはそれらを行いながら暮らしています。そのため、突発的に起こる非日常的な動作には、対応できないことが多く見られます。「落ちる」「転がる」「倒れる」といった動きなどがその代表例です。

　このような現象が起こったときには、身体がまったく反応、対応できずに大ケガをしてしまうケースが高い割合で見受けられます。

　柔道では、受身に代表されるように、この非日常的な動作の反応、対応を身につけたうえでの攻防が主になるので、倒れたとき、転がったときの対応力は格段に上がり、反応も速くなります。

　また、お互いに組み合ってバランスの崩し合いをしているのですから、当然身体バランスも良くなってきます。前ページでも少し触れましたが、現役当時のジダン監督の身体バランスの良さは柔道経験者ならではのものだと思われます。

　そのほかの競技でも柔道の特性は生かされており、まずは小さいころに非日常的な動作の対応力を柔道で身につけておいてから、やがてほかの競技に移るという過程があっても良いと思います。世界を見渡してみると、ジダン監督の故郷であるフランスが、そのようなシステムを構築しています。

過度な練習は子どもの将来に悪影響？

　また、右ページの表にある運動強度のデータで示されているように、柔道はほかの競技と比較して、運動強度がとても高いことが証明されています。

　運動強度が高いということは、その分、得られる成果も高いことを意味し、頑強な身体を手に入れることができるということにつながります。

　その反面、やり方をまちがえると身体の障害に直結する可能性も高いということにもなり、発育発達やスポーツ医学の観点から、論理的・合理的な指導方法を考えていくことは必須であると考えます。

　身体を頑強にして、たくましさを身につけるメリットを生かしながら、故障を予防するのが理想だと言えます。

身体活動のメッツ [METs] 表（抜粋）

メッツ	日常の生活活動	運動
1.0	静かに座って（あるいは寝転がって）テレビ、音楽鑑賞	
1.3	本や新聞などを読む（座位）	
1.5	座位での会話、読書、食事、運転・軽いオフィスワーク・編み物・入浴（座位）	
1.8	立位（会話、電話、読書）・皿洗い・アイロンがけ	
2.0	ゆっくりした歩行（平地 非常に遅い＝53m/分未満、散歩または家の中）・料理や食材の準備（立位、座位）・洗濯・子どもを抱えながら立つ・洗車・シャワーを浴びる	
2.2	子どもと遊ぶ（座位、軽度）	
2.3	ガーデニング・動物の世話・ピアノ（座位）	ストレッチ
2.5	植物への水やり・子どもの世話	ヨガ・ビリヤード
2.8	ゆっくり歩行（平地 非常に遅い＝53m/分）・子ども、動物と遊ぶ（立位、軽度）	座って行うラジオ体操
3.0	普通歩行（平地67m/分、犬をつれて）・電動アシスト自転車に乗る・子どもの世話（立位）・台所の手伝い・大工仕事・ギター演奏（立位）	ボウリング・バレーボール・社交ダンス・ピラティス・太極拳
3.3	掃き掃除・掃除機・ベットメイク・身体の動きを伴うスポーツ観戦	
3.5	歩行（平地75〜85m/分、ほどほどの速さ、散歩など）・楽に自転車に乗る（8.9km/時）・階段を下りる・軽い荷物運び・庭の草むしり・子どもと遊ぶ（歩く/走る、中強度）・風呂掃除（ほどほどの労力）	体操（家で軽・中等度）・ゴルフ（手引きカート使用）・釣り
4.0	自転車に乗る（≒16km/時未満、通勤）・階段を上る（ゆっくり）・屋根の雪下ろし・介護作業	卓球・ラジオ体操第1
4.3	やや速歩（平地 やや早めに＝93m/分）	ゴルフ（クラブを担いで運ぶ）
4.5		テニス（ダブルス）・水中歩行（中等度）・ラジオ体操第2
4.8		水泳（ゆっくりとした背泳ぎ）
5.0	かなり速歩（平地 速く＝107m/分）	野球・ソフトボール・サーフィン・バレエ
5.3		水泳（ゆっくり平泳ぎ）・スキー・アクアビクス
5.5		バドミントン
6.0	スコップで雪かき	ゆっくりジョギング・ウエイトトレーニング（高強度）・バスケットボール・水泳（のんびり泳ぐ）
7.0		ジョギング・サッカー・スキー・スケート
7.3		エアロビクス・テニス（シングルス）・山を登る（約4.5〜9.0kgの荷物を持って）
8.0	重い荷物の運搬	サイクリング（約20km/時）
8.3	荷物を上の階へ運ぶ	ランニング（134m/分）・水泳（クロール、普通の速さ46m/分未満）
8.8	階段を上る（速く）	
9.0		ランニング（139m/分）
10.3		柔道（武術：さまざまな種類、ほどほどのペース）

独立行政法人国立健康・栄養研究所「身体活動のMETs」表 2012年4月11日更新より

※METsとは「Metabolic equivalents」の略で、運動や身体活動を行ったときに安静状態の何倍のカロリー消費をしているかを表す数値。柔道は10.3METsとされており、非常に高い運動強度であることがわかる。10.3METsは「さまざまな種類の武術（ほどほどのペース）」を対象としており、競技として行う柔道は、これ以上の負荷がかかっていると言える。特に柔道の乱取りを繰り返す場合には、相当な負荷がかかっている。たとえば体重100キロの選手が60分間に渡って柔道を続けた場合には、1082キロカロリーを消費する。

幼少期にやっておくこととは？

人間の発育発達の傾向を知り若年層の指導に生かす

冒頭でも述べたように、柔道は今や世界の格闘技の集合体として形成されています。動きの激しさや速さは年々増す傾向にあり、今まで考えもしなかったような動きを、その攻防の中で突発的に求められることも少なくありません。

また、前ページでも触れたように、柔道はとても運動強度の高い競技ですから、傷害の予防に関してはより敏感であるべきだと考えます。そのためにも、人間の発育発達の傾向を知り、年齢に応じて、身につけるべき身体能力を把握しておくことがとても重要になります。

発育発達においては個人差があり、成長の早い子どももいれば、遅い子どももいます。たとえばリオデジャネイロ五輪90キロ級の金メダリストであるベイカー茉秋選手は、中学校卒業時には60キロ級の選手でしたが、高校2年生の3月には90キロ級に成長しました。また、100キロ超級銀メダリストの原沢久喜選手は、高校入学時は66キロ級の選手でしたが、3年時の8月には100キロ超級でインターハイに出場しています。

指導者は、このような例を把握し、成長の見極め方が重要であることを念頭に、各個人の特性を見抜いて指導方法を考慮していくことが望ましいと考えます。発育発達を無視して、幼少のころから負荷の高いトレーニングを課した場合、小学生年代から持病や古傷を抱えてしまう選手が増えると考えられます。そして、高校、大学、社会人の過程で、それが大きな負担になっていく可能性があります。

参考のために、「スキャモンの発育曲線」を紹介したいと思います（右ページ）。指導者は、このような科学的なデータも理解し、有効に活用しながら指導していくことが重要だと考えています。

発育期に気をつけること

宮崎誠司教授
（東海大学体育学部教授、スポーツ医科学研究所所長）

子どもの発育期に強度が強い運動をやりすぎると、成長線（発育期に見られる骨の中にある軟骨部分）や骨についている腱の部分などで傷害を起こしやすくなります。特に柔道は相手をつかんで動かすなど、大きな力を必要とします。そのため、身体の使い方をまちがうと1点に力をかけすぎてしまい、成長線を痛めてしまう場合がよくあります。

このようなケガを防止するためには、強引に技をかけることや、無理な体勢をとることを避け、理にかなった動きを身につけることが重要になります。大人と同じような力を出すことを覚えるより、まずは力に頼らず、正しい身体の使い方を覚えることが大切です。また、技をかけるだけでなく、かけられたときの対処方法を身につけておくことも、子どものケガの防止につながります。指導者の方は、これらの点を頭に入れておいてください。

スキャモンの発育曲線

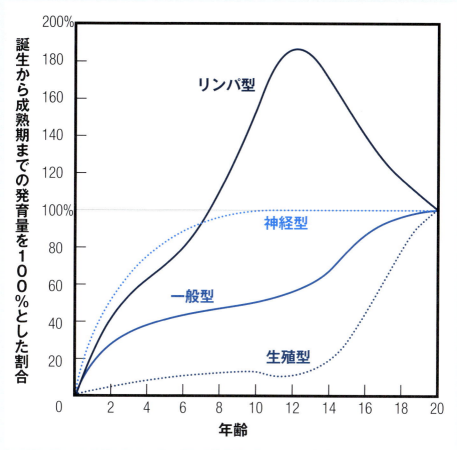

出典『Scammon,R,E.（1930）.The measurement of the body in childhood,In Harris,J,A., Jackson., C,M., Paterson,D,G.and Scammon,R,E（.Eds）.The Measurement of Man, Univ. of Minnesota Press,Minneapolis.』

※アメリカの医学者スキャモンは、1930年に子どもの発育や発達を、身体諸器官別に4つのパターンに分類し、そこに順序性があることを提唱。そのパターンとは、「神経型（脳重量など）」「リンパ型（胸腺などのリンパ組織）」「生殖型（精巣や卵巣などの性器）」それらに属さない「一般型（呼吸器や消化器など）」の4つ。スキャモンの発育曲線は20歳（成人）を100としたときの百分率で示している。それによると、10歳までに脳・神経系（神経型）が著しく発達するため、この時期に動作の習得（＝運動能力の向上）を経験させることが重要になる。その後、12～14歳の一般型の第2発育急進において、呼吸循環器系を向上させるために取り組むと良いとされ、15歳以降の生殖型の発達では筋・骨格系を発達させやすくなるため、トレーニングに取り組み始めるには最適とされる。なお、これはあくまでも一般的な発育を示しており、それぞれ子どもの成長に合わせて時期を前後させる必要があると考えられている。よって、ベースとなる情報を理解したうえで子どもの発育発達の個人差を考慮し、運動内容を決めていく必要がある。なお、1930年に発表されたスキャモンの発育曲線は、80年以上用いられているが、近年、科学的なエビデンスを追加するための研究も行われている。

基礎運動

股関節の可動域を広げしなやかな身体をつくる

　発達発育曲線を頭に入れたうえで、ここからは幼少期にやっておくべき基礎運動に焦点をあてます。

　柔道では、特に肩関節やひざの傷害が多い傾向が見られており、その対策は必要不可欠です。ここでは、基礎運動のなかから、特に肩関節やひざの可動域に影響を与える股関節に着目し、その可動域を広げ、やわらかくて強い（しなやかな）身体づくりを求める運動を紹介します。

　これから紹介する基礎運動には、入門編の「開脚」運動から、上級編の「あざらし回転」や「逆立ちブリッジ回転」まで、さまざまなものがあります。いずれも幼稚園児からトライすることで、より柔軟性のある身体づくりが可能になりますので、指導者の方は参考にしていただけたらと思います。

　ケガをしない身体づくりは、どの競技でも同じように大切なことであり、長期的な視野からから見ても、ぜひ幼少期にやっておくべき運動としておすすめしたいと思います。

LESSON
幼少期はジャージで柔道の基礎技術を覚えてみては？

柔道着では返せなかった手首が（上）、ジャージだと返すことができる（下）

　柔道を学ぶにあたり、幼少期の子どもでも、柔道着を着用するのはごく一般的なことです。これ自体は、柔道精神を学ぶうえではとても大事なことだと思います。しかしながら、基礎技術を学ぶには、困難なこともあります。左の写真にもあるように、手の小さい子どもにとって、分厚い柔道着の襟を握ることは容易ではありませんし、無理をすればケガにつながることもあります。そこで、気軽にジャージやトレーナーなど、やわらかい生地を使って基礎技術を学んでみてはいかがでしょうか？　ジャージであれば、上の写真のように柔道着では返せなかった手首を、下の写真のようにくるっと返すことができるようになります。道場以外でも簡単な打ち込みなどが可能で、保護者とのコミュニケーションにも利用できるでしょう。少し大胆な発想ですが、何より、幼少期の子どもにとって柔道着を握ることだけでもストレスを与える可能性があることを、大人は認識しておくことが大切だと思います。幼少期の子どもにはケガを防ぎながら、気軽に柔道を楽しませてあげてほしいと思います。

基礎運動①

開脚

最近は「しゃがむ」という動作を日常生活であまりしなくなった影響もあってか、股関節がとてもかたい子どもが増えてきた印象があります。横開脚は、股関節をやわらかくするための入門編です。横開脚ができるようになったら、次に縦開脚にトライしてほしいと思います。

縦開脚

1. 左右の足を前後に広げる
2. 少しずつ広げ、片ひざを地面につける
3. 両手でバランスをとり、両足を床につける

横開脚

1. 両足のつま先を外に向け、股を広げる
2. 少しずつ両足を広げながら両手を前につける
3. 足を広げたままお尻をつき、万歳をする
4. おへそを出すように前に倒れ、両手を床につける

基礎運動②

あざらし

「あざらし」は、肩や背中の柔軟性を養うための運動で、ブリッジをできるようになるための導入にもなります。この動きも日常生活ではほとんどしない形なので、幼少のころからやっておくことをおすすめします。理由は、年齢が上がるにつれて背筋が発達し、柔軟性が失われていくからです。

1. うつ伏せで床にべったり横になる
2. 両手を床につけて支点とし、顔を上げて反る
3. そのまま上半身を反り続け、両足のひざを曲げる
4. 頭が両足の裏についたら、5秒ほど静止する

基礎運動③

ブリッジ（歩行）

「ブリッジ」は、立った状態から上半身を後ろに反らせ、両手を床につける運動です。ひじを伸ばすので腕の可動域が広がり、肩もやわらかくなります。足の裏を床につけることがポイント。ブリッジができたら、そのまま前後左右に歩行する運動にトライしましょう。

ブリッジ

1. 立った状態で両腕を抱えるように曲げておく
2. ひざを曲げて上半身を反らせ、頭を後ろに傾ける
3. 後ろが見えるまで反ったら両手をつく準備をする
4. 両手を着地させ、足の裏をつけた状態にする

ブリッジ歩行

1. ブリッジになったら、腕と足の4本で前に歩く
2. 足と手をどう動かせば前に進むかを考えて行う
3. 前後に歩けるようになったら、左右もトライしよう

柔道の特性

基礎運動④

ブリッジ（起き上がり）

ブリッジした状態からそのまま回転することはなかなかむずかしいので、その前段階として、マットを使って段差をつけることで回転を楽にさせてあげるのが、この起き上がり運動です。マットに下半身を乗せ、写真1のような状態をつくってからブリッジをして起き上がります。

1 あお向けの状態でマットに足を乗せ、両腕をつく

2 手と足で支えながら背中を上げ、ブリッジの状態になる

3 足の位置を整えて、起き上がる準備をする

4 片足で支えながら、もう片方の足を蹴り上げる

6 両手をついたまま、片足を床につけて着地する

7 両足を着地させて、両手を床から離して起き上がる

基礎運動⑤

ブリッジ回転

マットを使ってブリッジから起き上がれるようになったら、いよいよ「ブリッジ回転」にトライします。少し難易度が高いので、もしマットを外して恐怖心が出てきた場合は、まわりの大人が背中の部分を持ってサポートしてあげるといいでしょう。

1 腕を抱えるように曲げて、準備を整える

2 上半身を後ろに反らしてブリッジの動作に入る

3 両手を床につけて、ブリッジの体勢になる

4 ブリッジから起き上がるために片足を蹴り上げる

5

6 両手をついたまま片足を床に着地させる

7 両足がついたら、そのまま起き上がる

柔道の特性

基礎運動⑥

逆立ち（手踏み）

「逆立ち」も、非日常的な運動のひとつです。幼少期に逆立ちをすることで、バランス感覚を養うことができ、肩、手首、背中の柔軟性も身につきます。まずは壁を補助にして逆立ち運動をして、それができたら足踏みならぬ「手踏み」にもトライしてみましょう。

手踏み

1. 壁に沿って逆立ちした状態になる
2. 逆立ちの状態を維持したまま片手を床から離す
3. 離した手を戻し、次に逆の手を離して手踏みする

逆立ち

1. 踏み込む姿勢で両手を床につける準備をする
2. 壁に向かって両手をつけて足を蹴り上げる
3. 両手を床につけながら、両足を壁に合わせる
4. 両足を壁につける。ただし足の格好にこだわる必要はない

基礎運動⑦

逆立ち壁歩行

逆立ちして手踏みができるようになったら、次は壁に沿って逆立ちしたままカニ歩き（横歩行）をしてみましょう。カニ歩きができるようになったら、次は壁から少し離れたところで逆立ちをして、腕だけで2～3回手踏みをしながら前に歩いてみましょう。

壁に向かって歩く

1. 壁から少し離れたところで逆立ちを開始
2. 身体のバランスが崩れないように壁の方へ進む
3. 2～3回手踏みをして進み、壁までたどり着く

逆立ち横歩行

1. 壁に沿って逆立ちをし、片手を床から離す
2. 離した手を進行方向の少し先に着地させる
3. カニのように横方向に手踏みをして少しずつ進む
4. この動作を繰り返して、逆立ちでカニ歩きをする

柔道の特性

基礎運動⑧

逆立ち歩行

　壁を補助にして逆立ち歩行ができたら、次は補助なしで逆立ち歩行をしてみましょう。そのとき、両足を使ってバランスをとるので、足の格好がどうなっているかはあまり気にする必要はありません。自分の感覚で正しい足の形を見つけさせることが重要になります。

1 逆立ちをするためのステップを踏む

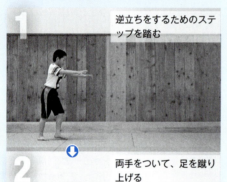

2 両手をついて、足を蹴り上げる

3 逆立ちができたら、一度静止してバランスをとる

4 片方の手を前に踏み出し、逆立ち歩行を始める

5

6

7 歩けるようになったら少しずつ歩行距離を伸ばしてみる

基礎運動⑨

逆立ちブリッジ回転

　これは、「逆立ち」「ブリッジ」「ブリッジ回転」という3つの運動を複合させた難易度の高い動作です。全員がこれをできる必要はありませんが、子どもは同じことを繰り返し行うと飽きてしまうので、何かができたら新しい課題を与えてあげることも大切になります。

1. まずは両手を上げて逆立ちのモーションに入る
2. 両手をついて、足を蹴り上げる
3. 逆立ちの状態になったらバランスを整える

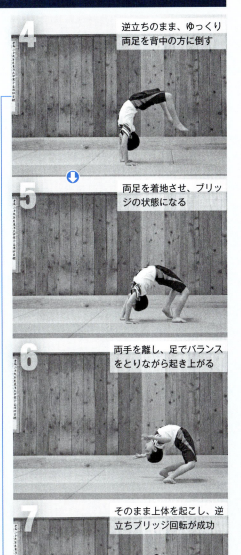

4. 逆立ちのまま、ゆっくり両足を背中の方に倒す
5. 両足を着地させ、ブリッジの状態になる
6. 両手を離し、足でバランスをとりながら起き上がる
7. そのまま上体を起こし、逆立ちブリッジ回転が成功

柔道の特性

基礎運動⑩

あざらし回転

「あざらし」の状態からブリッジの体勢に移行し、さらにそのまま起き上がる運動が「あざらし回転」です。この難易度の高い動作は誰でもできるというわけではないので、子どもの柔軟性（特に背中の柔軟性）を確認したうえで、トライさせるようにしましょう。

1 両手をつき、勢いをつけるために上半身を反る

2 胸をつけ、両手で支えながら足を上げて背中を反る

3 おでこと両手を支えにして、身体を反り返す

4 頭を床につけたブリッジ状態になる

5 足と腕で身体を持ち上げ、頭が床から離れた状態にする

6 下半身と背中の柔軟性を利用してブリッジから起き上がる

7 最終的に両足で立った状態になり、あざらし回転が成功

基礎運動⑪

片手ヒューマンチェーン

1. 受け身をとる側（取り手）と支える側（受け手）が、お互いに左手同士（右手同士）の袖を持ち合い、マットに正対する

ここからは、柔道につながる基礎運動を紹介します。次ページで紹介する受け身の基礎練習は多くの柔道教本でも紹介されていますが、この片手ヒューマンチェーンはその応用として、「遊び」の部分を取り入れた運動です。幼少期の子どもにとって、「回転する」動きと「落ちる」動きを同時進行で行うことは、恐怖感があります。やわらかいマットを使いながら、遊びとして何度もトライさせ、投げられる感覚をつかませましょう。

2. 取り手は右足（右手同士なら左足）を前に踏み込む

3. 足を踏み込むのを見て、受け手は左手（右手）を引く準備をする

4. 受け手は前に回転しやすいように、左手（右手）を引く

5. 受け手は回転を見ながら、取り手のバランスを調節する

6. 受け手は取り手が着地しやすいように、左手（右手）をやや引き上げる

7. 取り手は足が重ならないように気をつけながら、受け身をとる

柔道の特性

受け身の基礎練習①

ヒューマンチェーン

ヒューマンチェーンは横受け身を覚えるための動作として、学校授業の現場で多く活用されています。低い姿勢から身体の回転を覚えることができ、危険性も低いので、おすすめの運動と言えます。動きが単調ではないので、飽きることへの対策としても使えます。

1 受け身をとる側（取り手）の右手（逆の場合は左手）の袖を支える側（受け手）が、両手でしっかりと握る

2 取り手はそのままの状態で両ひざをついて座る

3 取り手は左手を右手の上からクロスさせながら前方に状態を倒す

4 取り手は受け手に体重をあずける。受け手は両手でしっかりと袖を持ち、取り手の体重を支える

5 受け手は袖を持った両手を一気に真上に引き上げる

6 受け手は両手を引き、取り手を回転させる

7 取り手は足が重ならないようにして、横受け身をとる

受け身の基礎練習②

帯持ち回転受け身

帯持ち回転受け身は、前回り受け身を覚えるための動作として、ヒューマンチェーンと同様に学校授業の現場で多く活用されています。通常の前回り受け身よりやや高い位置からのスタートとなるので、実際に投げられる感覚を養う動作として活用できます。

1. 支える側（受け手）は身体全体を丸めた亀の状態を作り、受け身をとる側（取り手）はその横に立つ
2. 取り手は左手（逆の場合は右手）で逆手に帯を握り、左ひじを受け手の背中につける
3. 取り手は顔を受け手のお尻側に向けながら、左肩から前方に回転する

4. 取り手は顔を横に向けながら、頭が前に突っ込まないように回転する
5. 取り手は持った左手を離さず、前回り受け身の準備をする
6. 取り手は最後まで手を離さない
7. 取り手は足が重ならないように受け身をとる

柔道の特性

伊勢原山王幼稚園 体育講師　平野敦也先生に聞く

幼少期における基礎運動の重要性

基礎運動によって体幹を鍛えしなやかな身体をつくる

ここで紹介した基礎運動を、実際に保育園や幼稚園などで子どもたちに教えている平野敦也先生。なぜ幼少期にこのような基礎運動をする必要があるのか？　またそれをすることによって得られる効果とは何か？　柔道との関係性も含めて教えてくれた。

今の子どもは、昔に比べて外で遊んだり、運動をしたりする機会が減っています。2歳くらいで、驚くほど身体のかたい子どもを目にすることもありました。

これは、おもに生活様式の変化が影響していると言われています。たとえば保育園や幼稚園の送り迎えも車が主流ですし、最近はどこへ行くにもベビーカーを使うケースが増えています。ですので、子どもが歩く機会が減っているのです。

歩くことが少ないわけですから、非日常的な運動は推して知るべし、です。小学校で跳び箱をして、飛んだあとに自分のお尻で手首や腕を骨折してしまうという話も聞いたことがあります。それくらい、自分の身体の扱い方や危険回避の動作を身につけていない子どもが増えているのです。

そこで、私たちは幼少期から関節の可動域や身体のバランス感覚を養うための基礎運動を、子どもたちに遊び感覚で身につけさせるサポートをやらせていただいているというわけです。

ここで紹介した基礎運動は、身体をやわらかくし、バランス感覚を養うだけでなく、スポーツにも重要な体幹を鍛えることにもつながります。たとえば、最近はバレーボールの世界でもブリッジや側転などを練習にとり入れ、肩の可動域や身体のしなやかさを身につけさせるチームもあるようです。

もちろん、柔道にも同じことが言えます。特に柔道は、試合のなかで非日常的な動きをとっさに行うため、頭で考えるよりも身体が先に動くスポーツです。したがって、体幹を鍛えてバランス感覚を磨き、関節の可動域を広げて身体をやわらかくしておくことが、とても重要だと言われています。

その点においても、幼少期に基礎運動を実践することをおすすめします。それによって、もし成長するなかで柔道以外のスポーツに転向したとしても、きっとそれが役に立つことと思われます。

柔道6区画理論

柔道は1対1で戦うため、対戦相手のタイプにより得手不得手が生じることがある。
試合で対戦するのは自分の得意な相手ばかりというわけではなく、
苦手なタイプと戦うことも避けられない。
そこで必要なのは、相手に応じて自分の柔道を変化させる柔軟性を養うことだ。
本書では、その柔軟性を身につけるために基準となりうる
「6区画理論」を解説する。

解説 柔道「6区画理論」

柔道における相性は「じゃんけん」と同じ

「あいつは自分より大きい相手には強いのに、なぜ小さい相手には弱いのかな？」「右組には抜群に強いけど、左組にはてんでダメだな」などなど、柔道大会の会場において、関係者のこのような会話をよく耳にします。

柔道は格闘技である以上、1対1の攻防からは逃れられません。そのなかで、対戦相手との相性という部分はつねにつきまとう問題です。同じ格闘技の相撲もそうですし、もっと身近な例であげれば、社会における人間関係にも相性は存在します。

相性の関係について「じゃんけん」を例にすると、いくら自分が「グー」で勝ちたいと思っても、相手が「パー」もしくは「グー」を出せば勝つことはできません。「グー」は「パー」に相性が悪いのはわかっていることですから、「パー」を出されたら「チョキ」で対応するしかないのです。つまり、相手に応じて「グー」「チョキ」「パー」を出せるように準備しなければならないことは誰にでもわかることであり、そこで初めて相手に勝つことができます。

表1　6区画理論の区分けと自己診断

	相四つ			ケンカ四つ		
対高身長	**A** ① 得意　普通　不得意 ② 自分の得意技			**D** ① 得意　普通　不得意 ② 自分の得意技		
対同身長	**B** ① 得意　普通　不得意 ② 自分の得意技			**E** ① 得意　普通　不得意 ② 自分の得意技		
対低身長	**C** ① 得意　普通　不得意 ② 自分の得意技			**F** ① 得意　普通　不得意 ② 自分の得意技		

各区画の空きスペースに、次のことを記入してみよう。①区画の相手との相性（得意、普通、不得意のいずれかを○で囲む）　②区画の相手に対する自分の得意技（3つ程度記入する）

　しかし柔道では、相性が悪い相手をできるだけ敬遠し、よりやりやすい相手を求める傾向が出てくるのが現実です。すると、相性の良し悪しがもっと顕著に見られるようになってしまい、それを克服するまでさらに多くの時間がかかるという悪循環が生まれます。

「6区画理論」とは？

　柔道をタイプ別に区分けすると、右組同士、左組同士を「相四つ」、右組対左組を「ケンカ四つ」と呼びます。さらに「相四つ」と「ケンカ四つ」における対戦相手をそれぞれ自分と比較し、①自分より背が高い、②自分と同じくらい、③自分より背が低い、という6つの区画に分類することができます。それを、それぞれA、B、C、D、E、Fとして区分けしたのが表1になります。

　体重の比較はどうなのか、という意見もあると思いますが、現代柔道の階級制度やルールの流れを見ると、こちらで区分けしたほうがよりクリアになると思われます。

　この6つの区画すべてに対応できるということになれば、ほぼ隙のない選手になると言えるでしょう。しかし、そういう選手はなかなかいないのが現状です。

6区画に対応するためには？

6区画すべてに対応するために必要とされるポイントは何か？

では、なぜ6区画すべてに対応できる選手は現れにくいのでしょうか？

それは、相手の体型によって、攻略しやすい技が異なり、それに応じて得意技を変えることができないことが、第1の理由としてあげられるでしょう。

先ほどの「じゃんけん」の例にもありましたが、たとえば、いくら背負投が得意な選手でも、自分より背の低い相手に背負投を仕かけることはとてもむずかしい作業になります。逆に、内股が得意な選手が自分より大きい相手に内股を仕かけることは、より工夫をすることが必要になってきます。

相手に応じて攻略する技を変えることができる選手が好ましい理由は、誰もがおわかりでしょう。P2〜3で述べたように、「まずはひとつの技を覚えなさい」「背負投だけやっていればいい」というような偏った練習を行っていたのでは、変えるべき技を覚えられないのは当然と考えるべきです。

ひとつの技をマスターすることも大事ですが、やはり多くの技に挑戦し、貪欲に習得していく姿勢を身につけることこそが肝要です。

相手に応じてさまざまな技を繰り出すことができる代表的な選手に、リオデジャネイロ五輪60キロ級の銅メダリストである高藤直寿選手がいます。高藤選手は自分中心に技を考えるのではなく、「この相手を倒すにはどんな技が必要か？」と考えているそうです。そのようにして、相手に応じて背負投、内股、大外刈などを使い分けるため、相手も的を絞ることができず、対策も立てにくくなるのです。

第2の理由として、相四つ、ケンカ四つによって組み方（組手）が変化するこ

とがあげられます。

相四つでは、カタカナの「ニ」の字のように、お互いの立ち位置が平行になります。そのため、お互いに胸が合う状態になることが多く、力の強い選手が有利になります。

逆に、ケンカ四つの場合は、お互いの立ち位置がカタカナの「ハ」の字のようになるので、胸が合う状態が少なくなります。また、お互いの釣り手が上からと下からで邪魔をする攻防が生まれるので、技術の優れた選手が有利になるという特徴があります。

簡単に言えば、相四つは「力勝負」、ケンカ四つは「技術勝負」という図式ができあがるのです。

この相四つ、ケンカ四つの組手の整理をしておくことで、「相四つの組み方が得意だからそれを無理やりケンカ四つに当てはめる」というようなことはなくなります。多くの選手は、どちらかが得意という傾向にありますが、不得意の組手を克服することで、より柔軟に相手に対応することができるようになります。

つまり、6区画すべてに対応するには、多くの技を持ち、組手を柔軟に変えることができる選手になることが必要になるのです。

「BIG 6」を覚えよう

「BIG 6」をマスターして柔道の"器用裕福"を目指そう

ここでは、覚えるべき根幹となる技を「BIG 6」(ビッグ・シックス)と称して、紹介していきます。

「BIG 6」とは、①背負投(一本背負投を含む)、②体落、③払腰、④内股、⑤大外刈、⑥大内刈という6つの技です。そしてこの6つの技を、6区画それぞれに有効な技としてあてはめていきます。

①と②は担ぎ技、③と④は跳ね技、⑤と⑥は刈り技と呼ばれますが、この「BIG 6」は、それぞれ特徴があります。たとえば、背負投の特徴は「自分と同等または身長の高い選手に対して有効な技であり、ケンカ四つにも効くが、相四つのときにより威力を発揮する」というものです。

つまり、この「BIG 6」をひとつでも多くマスターできれば、対戦相手に応じた戦い方のバリエーションを、より増やしていくことが可能になるのです。

また、「BIG 6」を補助する技として、①小内刈、②足払、③支釣込足、④小外刈という4つの技を「SMALL 4」(スモール・フォー)と称して、合わせて紹介します。「SMALL 4」に関しては単独ではなく、今回は「BIG 6」との関連としてのみに使います。

「BIG 6」をマスターし、柔道の"器用裕福"を目指しましょう。

表2 各区画で有効な「BIG 6」

組手	対戦相手	区画	BIG 6
相四つ	自分より身長が高い	区画A	背負投、大内刈
相四つ	自分と身長が同じくらい	区画B	背負投、大外刈
相四つ	自分より身長が低い	区画C	大外刈、払腰
ケンカ四つ	自分より身長が高い	区画D	体落、大内刈
ケンカ四つ	自分と身長が同じくらい	区画E	体落、内股
ケンカ四つ	自分より身長が低い	区画F	内股、払腰

本書で「BIG 6」と称して紹介する技

背負投（一本背負投を含む）

体落

払腰

内股

大外刈

大内刈

相四つとケンカ四つ

相四つとケンカ四つの基本と特徴

　柔道の組み方には、大きく分けて3つのケースがあると考えて良いと思います。

　ひとつ目は、お互いが右組同士あるいは左組同士の「相四つ」です。ふたつ目は、お互いが右組か左組の「ケンカ四つ」のなかで、自分の釣手を相手の釣手の下から持った状態です。そして、3つ目はその逆で、ケンカ四つのなかで、自分の釣手を相手の釣手の上から持った状態です。まずはこれら3つのケースで自分の基準となる組み方を身につけましょう。

　特に気をつけたいのが、釣手の位置と引手とのバランスです。釣手の位置は、できるだけ自分の肩の高さと同じ、またはやや高い位置を保つようにしましょう。理想は、相手の鎖骨に自分の釣手の手首を乗せているイメージです。この高さを保ち、引手を自分のお腹に向けて引くことで、攻撃と防御に適した理想的な姿勢をとりやすくなります。

　釣手の位置が低かったり、引手が引けないと必然的にバランスが崩れ、姿勢が悪くなる状態が生まれます。

相四つの基本姿勢

お互いの胸が合った状態になるのが、相四つの特徴のひとつ

相四つは、右組同士または左組同士が対戦するときの組手。カタカナの「ニ」の字のようにお互いの立ち位置が平行になる

ケンカ四つ（釣手下）の基本姿勢

お互いの胸が合った状態が少ないのが、ケンカ四つの特徴のひとつ

ケンカ四つは、右組対左組が対戦するときの組手で、カタカナの「ハ」の字のような立ち位置になる

ケンカ四つ（釣手上）の基本姿勢

逆アングルから見ると、釣手が相手の釣手の上になっていることがよくわかる

同じケンカ四つでも、自分の釣手が相手の釣手の上にある状態のときがある。特に自分より身長が低い相手と対戦するときは、こちらが主体となる

引手の基本と使い方

切ったら切られる引手

　本書では、引手はあくまで「順手」で自分のお腹または胸の部分に固定することを前提とし、それを支点として釣手を主として使うことを推奨しています。現代柔道（JUDO）はさまざまな動きに対応していかなくてはいけませんから、この引手の固定に違和感を覚える方も多いと思います。しかしながら、おもに相四つの場面で、この引手を「逆手」にして、俗に言う「切る動作（＝相手に持たせない行為）」を繰り返せば、相手のレベルが上がるほど、逆に切られてしまい、持つ手（特に前腕部分）が疲弊してしまう現象が起きます。引手が疲弊して握れなくなると、当然勝負にはなりません。そのため、本書ではあくまでも「順手」で持つことをベースにしています。

　引手の基本としては、相四つにおいては「順手」で握り、自分のお腹に固定します。一方、ケンカ四つにおいては、「内引手」ではなく「外引手」を使ってお腹に固定します。特にケンカ四つでは、「内引手」対「外引手」の攻防が明暗を分けますので、十分に気をつけましょう。

相四つの引手の握り方

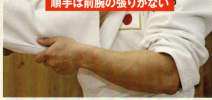

順手は前腕の張りがない

相手の袖を順手で引き固定することで、前腕の負担が減る

相四つの引手の握り方

逆手は前腕に張りが出る

相手の袖を逆手で握ると、前腕に緊張が生まれ負担が大きくなる

自分側にある引手は切られにくい

引手を自分のゾーンに引いて固定した状態にしておくと、相手が引手を切ろうとしてもなかなか切れない

上の写真のように、引手が相手側にあるときは、切られやすく前腕にも負担がかかる

ケンカ四つの引手の取り方

良い例：外引手の場合

手のひらを開いて手首を小指側に回転させる

相手の袖の下側を外から抱き込むように握る

握った袖を小指を中心にたぐり寄せる

自分のお腹へと引き寄せる

悪い例：内引手の場合

手のひらを開いているが手首を回転させていない

相手の袖の上側から内側にかけて握る

握った袖をお腹に引き寄せる

一度引き寄せても逆に相手に引き寄せられる

釣手手首の重要性

釣手手首4パターンとひじの連動を理解する

　引手を固定し、釣手を使う方法は、大きく4つに分類されます。それは、①基本として使う「縦手首」、②相手を引き寄せるときやケンカ四つで距離をとるときに使う「横手首」、③自分の釣手の位置を上げるときに使う「逆手首」、④相四つのとき相手の握る位置をずらすときに使う「内手首」です。この4つを使い分けるときに共通する点は、「手首を立てる」動作になります。手首を立てた状態から4つの方法を駆使し、自分に有利な体勢となる「組手」をつくることが、6区画を攻略するためのカギとなります。

　また、手首とひじは連動するため、それぞれ「縦手首」→「縦ひじ」、「横（外）手首」→「横（外）ひじ」、「逆手首」→「逆ひじ」、「内手首」→「内ひじ」という作用がはたらき、釣手全体が活性化します。要するに、「組手」の良し悪しに影響する根幹は、手首にあるのです。

すべての基本となる「手首を立てる」動作

釣手で相手の襟をノーマルにつかんでいる状態

4種を使い分けるときに共通する手首を立てた状態

縦手首・縦ひじ

別アングル

釣手が「縦手首」「縦ひじ」の状態。これが、組手を組むときの基本とされている手首とひじの使い方

横手首・横ひじ

釣手が「横手首」「横ひじ」の状態。相手を引き寄せるときや、ケンカ四つで距離（間合い）をとるときに使う

逆手首・逆ひじ

釣手が「逆手首」「逆ひじ」の状態。自分の釣手の位置を上げるときに使う

内手首・内ひじ

釣手が「内手首」「内ひじ」の状態。相四つのとき、相手が握る位置をずらすときに使う

釣手を整える

相四つで釣手を整える

1. 釣手の位置が低く、自分に不利な状態
2. 縦手首、縦ひじから逆手首、逆ひじに変える
3. 縦手首、縦ひじに戻しながら釣手の位置を上げる

ケンカ四つで釣手を整える（釣手下）

1. 釣手の位置が低く、自分に不利な状態
2. 縦手首、縦ひじから横手首、横ひじに変える
3. 縦手首、縦ひじに戻しながら釣手の位置を上げる

ケンカ四つで釣手を整える（釣手上）

1. 相手の釣手の位置が上がらないようにあごを手首の上に乗せる
2. あごの位置は変えず、自分の釣手の位置を高くする
3. 内手首、内ひじを使い、自分の釣手を中に入れ固定する

釣手を整える作業で自分に有利な体勢をつくる

組手の攻防では、お互いが自分に有利な体勢をつくるために、釣手や引手を駆使して理想的な体勢の作り合い勝負が行われます。その攻防のなかで、自分が不利な組手となったときは、「釣手を整える」作業が必要になり、その場合 P44～P45 で紹介した手首とひじの使い方が役に立ってきます。釣手を整えるときは、引手を支点にして固定したまま、釣手を縦、横と繰り返し変化させ、少しずつその位置を自分に有利なところまで動かします。柔道ではこの動作をマスターすることが重要になります。

ここでは、相四つ、ケンカ四つの下から、ケンカ四つの上からの釣手を整える動作を紹介します。

4 再び縦手首、縦ひじから逆手首、逆ひじに変える

5 再び縦手首、縦ひじに戻し、有利な体勢になる

4 再び縦手首、縦ひじから横手首、横ひじに変える

5 再び縦手首、縦ひじに戻すと有利な体勢になる

別アングル

1 あごの位置は変えず、自分の釣手の位置を高くする

2 内手首、内ひじを使い、自分の釣手を中に入れこむ

3 自分の釣手を中に入れ固定し、姿勢を整える

ケンカ四つの
内入れひじと外出しひじ

ケンカ四つで相手の釣手の上から釣手を持つケースの対応

P41でも紹介したように、ケンカ四つは組み方が2種類あります。基本的には、相手の釣手の下から自分の釣手を持つほうが重心は安定しやすいのですが、状況によっては上から持たなければいけないケースもあります。この場合、相手の釣手の外にひじを置く「外出しひじ」と、相手の釣手の内側にひじを入れる「内入れひじ」の使い分けがポイントになります。「外出しひじ」の場合、相手を固定させるため横から圧力を加えます。さらに相手の釣手を封じたい場合、「内入れひじ」へと変化させ上から圧力を加えるようにします。

このテクニックは腕の長さで大きく作用するため、腕の短い選手は「内入れひじ」、長い選手は「外出しひじ」が合っているケースが多く見受けられます。どちらもこなせたほうが良いですが、自分にあった形を見つけるようにしましょう。

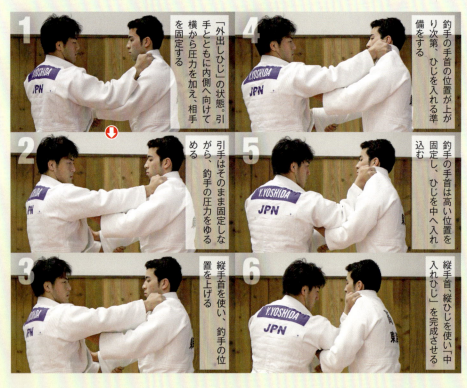

1. 「外出しひじ」の状態。引手とともに内側へ向けて横から圧力を加え、相手を固定する
2. 引手はそのまま固定しながら、釣手の圧力をゆるめる
3. 縦手首を使い、釣手の位置を上げる
4. 釣手の手首の位置が上がり次第、ひじを入れる準備をする
5. 釣手の手首を高い位置を固定し、ひじを中へ入れ込む
6. 縦手首、縦ひじを使い「中入れひじ」を完成させる

正方形ボックスとひし形ボックス

相手と自分の間にあるスペースを意識する

　本書では、組手のときに相手との間に生まれるスペースを「正方形ボックス」と「ひし形ボックス」のふたつに分類しています。「正方形ボックス」は意識して相手との間にスペースを作った状態を指し、これは相四つとケンカ四つに共通し、自分の力が相手に伝わっている安定した状態と言えます。

　一方、「ひし形ボックス」は相手との間のスペースを崩した状態を指します。さらに、ボックスを完全に壊して相手と密着した状態と、3つのパターンを覚えておきましょう。

　なお、背負投、払腰、内股など回転系の技では、引手を返すことで正方形ボックスをひし形ボックスに変えてスペースを有効に使います。一方、大外刈や大内刈などでは「正方形→ひし形→密着」と変化させる動作になります。

正方形ボックス

組手のとき相手との間にスペースをつくっている状態。相手との間合いをとるときによく使われる

相手と密着

大外刈や大内刈などをかけるときは、正方形ボックスをひし形ボックスに変え、さらにこの写真のように相手と密着した状態にして技をかける

ひし形ボックス

ボックスのスペースを崩した状態。攻撃を仕かけるときはこの状態になることが多い

特殊な組手① さし組手

釣手を相手の背中に回し奇襲などで使える組手

　ここでは、特殊な組手として「さし組手」を紹介します。これは、釣手を相手の背中に回してつかむ組み方で、奇襲を仕掛けるときや、残り時間が少なくなって勝負をかけなければいけないときなどに使うことがあります。特に身長が高く、腕が長い選手がこの組手を使うケースが多く、国際試合でよく見られます。日本人選手は、特にさばき方を覚えることが重要になってきます。

相手の背中をつかむため、間合いを詰めて勝負をかけるときに有効。ただし、圧力をかけるポイントが限られるため、身体をずらされると外されるリスクもある

正面から見たさし組手

後ろから見たさし組手

さし組手のさばき方

1 身長が高い相手がさし手で背中をつかみ、間合いを詰められた状態

2 引手を固定し、相手のあごを押しながら釣手手首を返し、横手首、横ひじにする

3 横手首、横ひじにして腕を伸ばし、相手の身体を遠ざける

4 釣手を縦手首、縦ひじに戻し、不利な体勢から脱した状態になる

柔道6区画理論

特殊な組手② 奥襟（おくえり）

身長が高く腕力のある選手が使う特殊な組手

相四つ、またはケンカ四つのとき、身長の高い選手はおもに相手の首の奥（後ろ）襟を握る傾向にあります。奥襟を持つと、相手との間合いを詰めやすいので、身体の大きい選手には特に有効な組手と言えます。逆に身体の小さい選手は、頭が下がった状態になり、とても不利な状況に陥ります。そこで右ページのように、釣手と引手の共同作業で不利な状態から脱する技術が求められます。

相手の首の後ろ側の奥襟を、釣手でつかんで相手を引きよせる特殊な組手。身長が高く腕力のある選手がよく使う

相四つにおける奥襟

ケンカ四つにおける奥襟

奥襟のさばき方（相四つ）

1. 身長が高い相手が釣手で奥襟をつかみ、間合いを詰められた状態
2. 釣手と引手を返し、横手首、横ひじにして上に広げ、奥襟を持った相手の手首の位置をずらす

3. 相手の釣手を奥襟から完全に外した状態になる
4. 釣手を縦手首、縦ひじに戻し、引手もお腹に戻す。不利な体勢から脱することに成功

奥襟のさばき方（ケンカ四つ）

1. 身長が高い相手に対し、釣手が下のケンカ四つで組んでいる状態
2. 釣手を横手首、横ひじにして、相手の釣手を持ち上げる
3. 釣手の腕を伸ばしながら縦手首、縦ひじに戻し、高い位置を握る
4. 釣手の腕を戻し、引手もお腹まで引いて不利な体勢から脱することに成功

柔道6区画理論

区画Bを攻略する

	相四つ	ケンカ四つ
対高身長	A	D
対同身長	**B**	E
対低身長	C	F

本書で紹介する区画B攻略に有効な基本技

[BIG 6] 大内刈（おおうちがり）／[BIG 6] 大外刈（おおそとがり）（縦手首）

[BIG 6] 大外刈（おおそとがり）（横手首）

[SMALL 4] 大外刈（おおそとがり）から支釣込足（ささえつりこみあし）

[BIG 6] 背負投（せおいなげ）／[BIG 6] 払腰（はらいごし）

ほぼ同じ身長の対戦相手

組手が相四つの場合

技の基本を覚えるためには最適な区画B

　区画A～Cに見られる相四つ同士では、自分の立ち位置と相手の立ち位置が平行になるため、カタカナの「二」の字の形になります。この区画Bに指定した同身長での相四つ（右組同士、左組同士）は、一番オーソドックスな形ですので、数多くの教本において、技の見本解説などで使われていることもあり、「BIG 6」「SMALL 4」ともに多くが当てはまります。そのため、「BIG 6」「SMALL 4」の技の基本を覚えるときは、区画Bから始めるといいでしょう。

　また、相四つ、ケンカ四つ攻略の共通認識として、相手の軸足を攻めることがあげられます。つねに動かしている刈足に比べ、軸足は固定されることが多く、そこを攻められると相手の重心が不安定になる傾向が見られます。特に相四つ同士では刈足が軸足に近いため、相手の軸足をつねに攻める意識をもつと攻略の糸口が見えてくるでしょう。

　ここでは、代表的な技として、「BIG 6」の背負投、大内刈、払腰、大外刈と、その連絡技を紹介します。

区画B攻略に有効な技

【BIG 6】
大内刈、大外刈、背負投、払腰
【SMALL 4】
大外刈から支釣込足
【その他】
袖釣込腰、肩車、巴投、移腰（櫓投）

大内刈
おおうちがり

相手のふところに入って内側から相手の軸足を刈る

　大内刈は、まず相四つの状態から刈足を一歩踏み出し、釣手と引手を固定して、自分の軸足を、踏み出した刈足の後方に運びます。そのとき、軸足が正面を向いていることも重要です。そして、引き手を固定し、釣手を使って相手の上体のバランスを崩しつつ、円を描くようにして刈足を動かし、内側から軸足を刈って相手を後ろに倒します。

3 軸足を刈足の後ろに移動。そのとき、軸足の方向は正面に

7 相手が後ろに倒れたところで、大内刈が成功

6 足を刈りながら、釣手を使って相手を後ろ側に倒す

2
低い姿勢で腰を入れながら、刈足を一歩前に踏み出す

1
釣手の手首の位置に気をつけて、引手をしっかり引いて相四つを組む

5
相手の上体のバランスを崩しながら、軸足の後ろから刈る

4
円を描くように刈足を相手の軸足の内側から入れる

POINT 適切な位置から円を描くように刈足を動かす

足技のカテゴリーに含まれる大内刈は、足の運び方がポイントになります。まず、刈足を一歩踏み出すとき、あまり深く踏み込みすぎず、軸足はできるだけ正面を向かせておきましょう。これにより、最後に相手が踏ん張ったとき、ケンケンで前に押し倒しやすくなります。また、刈足は円を描くように動かし、鋭く手前側に刈ることも覚えておいてください。

軸足はできるだけ相手の正面に向けると、足を刈ったあとにケンケンで前に押しやすくなる

最初に踏み出す刈足の位置は相手の両足の中間の少し手前

相手の軸足を刈るときは、内側から円を描くようなイメージで自分の刈足を動かす

POINT 大内刈をかけるときの足の運びをマスターしよう

刈足を一歩踏み出す位置に注意。身体のバランスを崩さないために、深く踏み込みすぎないこと

刈足は円を描くように動かして、相手の軸足を手前側に刈る。小さく鋭く動かし、大きく動かしすぎないこと

相手が踏ん張ったときは、そのまま軸足でケンケンをしながら前に押し倒すことで、大内刈を成功させる

POINT 釣手を動かしながら距離を縮め、的を絞らせない

相手も技をかけられたくないので、正方形ボックスを維持しながら間合いをキープしようとする

釣手の手首とひじを横にして持ち上げてから再び縦ひじに戻すなどして、相手に的を絞らせない

縦に戻すとき、引手と釣手を強く引くことで相手と接近。正方形ボックスを壊せば自分の間合いで技をかけられる

LESSON
大外刈と見せかけて大内刈へ

大内刈を狙っていることを相手に読まれている場合は、相手の目先を変えるためにフェイントを入れることも大切です。ここでは、大外刈をかけると見せかけてから、刈足を内側に入れて大内刈に移行する技を紹介します。ポイントは、大外刈を警戒した相手が、重心をやや後ろに倒した瞬間を狙うことです。刈足をスムースに動かすことも重要になります。

大外刈（縦手首）
おおそとがり

相手の重心を崩して外から相手の刈足を刈る

大外刈は、自分の軸足を相手の刈足の横に踏み出す動作で始まります。そのとき、引手はお腹または胸につけるようにして、釣手は縦手首を使い、前腕を相手の胸に当てるようにしながら相手と身体を密着させます。また、軸足を踏み込みすぎると上体が反ってしまい、自分のバランスが崩れて相手に返されてしまうので注意しましょう。同じ理由で、刈足を上げすぎないことも覚えておきましょう。

3 軸足を相手の刈足のすぐ横に置き、釣手と引手で相手の重心を崩す

7 相手が倒れるまで、引手と釣手で相手を下に崩すことを続ける

6 刈足の裏側を相手の足のひざ裏にロックするように刈り上げる

1
相四つで、相手との間に組手の正方形ボックスをつくった状態

2
タイミングを見計らってボックスを壊し、軸足を踏み出す

4
バランスを崩さない程度に刈足を上げながら、勢いをつける

5
相手の上体を下に崩しながら、刈足を勢いよく後方に振る

大外刈（縦手首）・基本解説

POINT 釣手の手首を縦にして吊り上げながら相手に接近

大外刈は、足技のカテゴリーに含まれますが、足だけを使って技をかけようとしても、相手の上体が崩れてなければ技をかけるのはむずかしくなります。そこでポイントになるのが手の使い方。相四つの状態の正方形ボックスを壊して相手に接近するとき、手首を縦にした釣手を上に持ち上げ、引手も使いながら相手の上体を崩すことが重要になります。

相四つのときは、相手との間にある空間を正方形ボックスの状態にして間合いをとる

大外刈をかけるためには、まずボックスを壊して相手に接近する動きがポイントになる

釣り手の手首を縦にして相手の上体を崩すように吊り上げる

POINT 軸足は大きく踏み出しすぎないように注意しよう

○ バランスを崩さない位置

× 踏み出しすぎはNG

軸足を相手の刈足の横に踏み出すときは、踏み込みすぎないように注意する。足の位置が前すぎると、自分の重心が後ろになってしまい、相手に技を返されやすくなってしまうので、バランスを崩さない程度の位置に踏み込むこと

POINT 刈足を必要以上に高く上げないように注意しよう

✗ 刈足の上げすぎはNG

つねに自分の重心がブレないことを心がけ、適度な位置まで刈足を上げることを覚えておくこと

足を刈るときは、ひざの裏を使って相手の足をロックするようなイメージで後方に刈り上げる

必要以上に刈足を上げすぎると、自分自身のバランスが崩れ、相手に技を返されてしまうので注意すること

LESSON
相手が踏ん張ったときの技術

大外刈をかけるとき、相手が踏ん張ってなかなか刈れないことがあります。そんなときは、刈足を相手の足にロックしたまま軸足をもう一歩踏み出す動きを入れましょう。それにより、踏ん張る相手に対してもう一度刈り直すことが可能になります。軸足をもう一歩踏み出すときは、釣手と引手を使って相手の上体を崩すことも忘れないようにしましょう。

大外刈（横手首）

釣手で相手の後ろ襟をつかみ、なぎ倒す大外刈

これは、相手の後ろ襟を横手首でつかんで投げるパターンの大外刈です。この方法の大外刈は、できるだけ相手に胸をつけるようなひし形ボックスにしてから動作を始めます。そして、後ろ襟にある釣手を力強く自分のほうに近づけながら、軸足を踏み出します。腕力がある人がこの大外刈をよく使いますが、刈足の力も重要になります。

3 軸足を踏み出すとき、引手を力強く自分のほうに引く

7 釣手と引手で相手をなぎ倒しながら刈足を後ろに振り上げる

6 相手の刈足の裏側を力強く刈り上げる

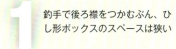

2 間合いをとり、軸足を踏み出すためのスペースをつくる

1 釣手で後ろ襟をつかむぶん、ひし形ボックスのスペースは狭い

5 釣手と引手で相手のバランスを崩しながら刈足を振り上げる

4 刈足を振り上げるときは、胸と胸を突き合わせた状態になる

大外刈（横手首）・基本解説

POINT 釣手を横にして相手の後ろ襟をつかんで引き寄せる

横手首の釣手を相手の後ろ襟に回してつかむため、相四つのひし形ボックスは狭い状態

軸足を踏み出すときは、釣手と引手で相手の胸と自分の胸がくっつくまで引き寄せる

POINT 釣手の力を最大限に使いながら相手の足を刈る

刈足を振り上げるときは、引手を強く引いて胸に固定し、相手の身体を自分に密着させるようにする

軸足にしっかり重心を残しておくことで、足を刈るときに上体が浮き上がらないようにする

POINT 軸足を重しにして上体が浮き上がらないように刈る

釣手と引手の力を有効に使うためにも、軸足をあまり前に踏み込みすぎないようにする

軸足に重心を残して、自分の上体が浮き上がらないようにしながら、相手のひざの裏側を刈るイメージ

釣手を使って相手をなぎ倒すように、自分の刈足を力強く後ろに引きながら相手を倒す

引手を自分の身体につけたまま上体を前に倒しながら、釣手で相手をなぎ倒すようなイメージで足を刈る

このような状態になれば、相手が踏ん張った場合でも、もう一度刈足に力を入れて相手を倒すことができる

大外刈（横手首）・ポイント解説

大外刈から支釣込足

大外刈を警戒した相手の反応を利用する

1 まず、大外刈をかけるために軸足を相手の刈足の横に踏み出す動きをする

2 相手が大外刈を警戒し、足を下げたタイミングで、踏み込んだ足を内側に向ける

3 後ろ襟にある釣手を手前に強く引いて相手の重心を崩しながら、刈足を上げる

POINT ひし形ボックス

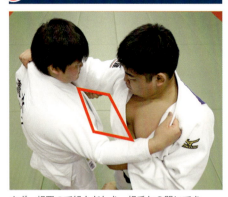

まず、相四つで組んだとき、相手との間にできるひし形ボックスを意識する（ボックスが正方形にならないようにする）。それにより、相手との距離を近づけることが可能になり、大外刈への動きがスムーズになる

POINT 釣手は横手首、横ひじ

ここでは、釣手を相手の後ろ襟に回しているため、手首とひじは横にする（相手の鎖骨付近をつかむ釣手のときは縦手首、縦ひじ）。支釣込足に移行するときは、軸足を支点に、釣手を引手と一緒にクルマのハンドルを回すように引く

これは、相手が大外刈を警戒して足を後ろに動かすタイミングを突き、相手を前方向に倒す支釣込足を繰り出すという連絡技です。自分の軸足を踏み出すときの足の向きと位置、釣手と引手の使い方などがポイントになります。ここでは、釣手を横にして後ろ襟をつかむ大外刈からの連絡技を見本にして紹介します。

相手のひざから下の部分に自分の刈足を当て、身体を回転させながら釣手を引く

軸足を支点に、釣手と引手でクルマのハンドルを回すように投げるイメージ

倒された相手の体勢を見ると、いかに横回転の力がポイントなのかがよくわかる

POINT｜大外刈から支釣込足へ移るときの足の運び方

　この連絡技を成功させるためには、足の運び方も重要になる。まず、軸足を正面に向けて踏み出し始めることで、相手に大外刈を狙っていると思わせる（①②）。そこで相手が警戒して足を後ろに動かしたり、身体を引いたりしたところを狙い、踏み出した軸足を内側に向けてから支釣込足に移行する（③）。相手がバランスを崩したら、刈足を相手の軸足にあて、身体を横回転させながら相手を倒す（④）

背負投
せおいなげ
引手を上げてから、相手を背負って投げる

背負投は、もっともポピュラーな技とされています。多くの選手が使うということは、それだけ有効な技ということです。まず、相四つで組んだとき、正方形ボックスをつくり、その空間を使って引手を持ち上げながら自分の身体を回転させます。そして、相手の重心を前に傾かせながら、一気に背負って投げることが重要になります。

1 正方形ボックスをしっかり作り、相手の両足の中間に刈足（右足）を踏み出す

4 引手を引きながら、釣手のひじを相手のわきに入れる

5 低い姿勢から、相手を背中に乗せた状態で背負う

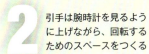
2 引手は腕時計を見るように上げながら、回転するためのスペースをつくる

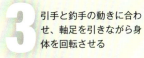
3 引手と釣手の動きに合わせ、軸足を引きながら身体を回転させる

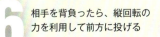
6 相手を背負ったら、縦回転の力を利用して前方に投げる

7 相手を自分の背中から下ろすように投げる

背負投・基本解説 | 71

POINT　引手を上げるときは腕時計を見るイメージで

身体を回転させるときは、引手を内手首にすること。そして、腕時計を見るようなイメージで、目の高さよりやや高めの位置まで引手を引き上げる

POINT　背負投をかけるときの足の運びをマスターしよう

まず、相四つで組んだときの足の位置から、刈足を相手の足の中間に移動させる。続いて軸足を身体の回転に合わせて後ろに引き、相手を背負うときには180度回転させた状態、つまり相手の身体と同じ方向を向いた状態になる

背負投から小内刈と見せて、背負投

これは、背負投から小内刈と見せかけ、最後に再び背負投で仕留めるという技です。背負投と小内刈の相性はよいので、このふたつの技を連続させることはよくあります。ここでは、背負投から小内刈と見せかけ、相手がそれを逃れようとして後ろに下がったときに生まれるスペースを利用して、再び背負投を狙います。スペースを生かすことがポイントです。

払腰
はらいごし

相手の重心を前に崩して、足を払って投げる

払腰は、身体の横回転を利用して投げる技です。まず、相四つのときにできる正方形ボックスからひし形ボックスに変化させることがポイントで、その空間を使って自分の身体を回転させます。そのとき、釣手の手首を立てた状態で回転させることも覚えておきましょう。相四つは力勝負と言われますが、払腰は特に体幹の強さが重要なポイントになります。

1 相四つで組み、相手との間に正方形ボックスをつくった状態にする

4 引手を引きながら回転しながら、刈足を相手の刈足にかける

5 軸足を中心とした横回転を利用しながら相手を腰に乗せる

2 引手は腕時計を見るように上げながら、身体を回転させるために刈足を踏み出す

3 回転しながら、釣手と引手を使って相手の重心を前方向へ崩す

6 腰のひねりを活かしながら相手の足と腰を払い上げる

7 相手が倒れるまで軸足でバランスをとるには体幹の強さも必要

払腰・基本解説

▶ POINT 釣手の手首を立てたまま、ひじと一緒に回転させる

ボックスの空間で身体を回転させるため、釣手は高めの位置で、手首を立てた状態で握る

釣手のひじも縦にした状態で固定し、手首と合わせて回転させる。引手を引いて、横回転の力を利用する

▶ POINT 払腰は胸と胸を突き合わせて横の回転を利用する

この角度から見ると、払腰が縦回転ではなく、横回転の力を利用した技であることがわかる

釣手と引手を使って相手の重心を前へ崩し、刈足で相手の足を払う。このとき、横回転の力がはたらいている

POINT 相手と自分の間にあるボックス空間で身体を回転

正方形ボックスから引手の動きでひし形ボックスへ変化させながら回転スペースを維持する

ボックスのスペースで身体を回転させる。このとき、釣手の手首とひじは縦に固定したまま

横回転の力を利用しながら、相手の身体を腰に乗せる。そのために、回転するときは相手に密着すること

横回転の力を利用しながら、刈足で相手の足を払う。払腰をかけられた相手は横回転で倒れる

完全に倒れてしまった相手の体勢を見ても、払腰が横回転の力を利用した技であることがわかる

区画Aを攻略する

	相四つ	ケンカ四つ
対高身長	A	D
対同身長	B	E
対低身長	C	F

本書で紹介する区画A攻略に有効な基本技

[BIG 6] 大内刈（おおうちがり）／[BIG 6] 大内刈（おおうちがり）（後ろ帯）
[SMALL 4] 小内刈（こうちがり）から大内刈（おおうちがり）
[BIG 6] 背負投（せおいなげ）／[SMALL 4] 背負投（せおいなげ）から小内刈（こうちがり）

自分と相手の間に正方形ボックスをつくる

区画Aにおいて、自分より相手が高身長の場合、直接胸が合うような形になると相手の圧力をそのまま受けてしまうため、おおむね不利な状況になってしまいます。

そこで、一定の間合いを確保するために、自分と相手の間に正方形ボックスをつくるようにします。この正方形ボックスが相手との間合いを確保し、ふところに入るスペースを生み出します。また、相手の釣手をコントロールするために、引手はできるだけ胸の位置まで下げる工夫もポイントになります。

ここでの有効な技は、「BIG 6」の背負投、大内刈、「SMALL 4」の小内刈などがあげられます。

引手は胸の位置まで下げて固定することがポイント

区画A攻略に有効な技

【BIG 6】
大内刈、背負投
【SMALL 4】
小内刈から大内刈、背負投から小内刈
【その他】
袖釣込腰、肩車、巴投、移腰（櫓投）

大内刈
(おおうちがり)
背の高い相手のふところに入って足を内から刈る

自分より背の高い相手に対しては、胸を合わせると力勝負になり、自分が不利になってしまいます。そこで、小さな正方形ボックスをつくって相手との間合いをとりながら、攻撃を仕掛けられる大内刈（または小内刈）が有効になります。軸足を踏み出すときも、釣手と引手を固定し、ある程度間合いを残しながら、相手の軸足を刈るようにしましょう。

3 軸足を刈足の後ろに移動する。軸足の方向は正面に向ける

7 自分もそのままの勢いで相手に覆いかぶさるように倒れる

6 足を刈りながら、自分の身体に体重を乗せて浴びせ倒す

相手との間に少しスペースを残しながら、軸足を前に踏み出す

釣手と引手を引きつけすぎないようにして、相手のふところに入る

相手の軸足の内側に、円を描くように刈足を入れる

釣手と引手で相手のバランスを崩しながら、軸足の後ろを刈る

釣手を縦にして、引手はしっかり固定する

逆アングル

釣手の手首を縦にして、相手の鎖骨あたりの襟を持つ。釣手は自分の肩より上にしておくこと。そして、ひじの曲げ伸ばしで調節しながら、相手との距離をとる

引手はしっかり相手の袖を握って、わきを締めながら固定する。この引きの強さが相手の上体を崩すときに重要になるので、簡単に袖から離れないようにする

POINT 釣手を動かしながら距離を縮め、的を絞らせない

◯ 相手との間にスペースがある
自分より背の高い相手に対しては、近づきすぎると力勝負になって不利になるので、小さい正方形ボックスをつくって間合いを保つ

✕ 相手に近づきすぎている
同身長と対戦する区画Bのときはボックスを壊して相手に接近し、大内刈をかけたが、対高身長の相手には密着しないように気をつけるあ

POINT 自分の足が相手の足に近づきすぎないようにする

◯ 相手の足と距離がある
釣手と引手を使って相手と自分の間に小さな正方形ボックスをつくっておけば、相手の足と自分の足の距離を保ちやすい

✕ 踏み出しすぎはNG
相手と自分の間にあるボックスを壊してしまうと、相手の足と自分の足の距離が近づきすぎてしまうので注意すること

大内刈（後ろ帯）

背の高い相手の後ろ帯をつかんだ大内刈

　背の高い選手が身長差を活かすために、自分より背の低い相手の肩越しに手を回し、後ろ帯をつかむシーンは国際試合などでよく見かけます。そのとき、身長の低い選手はどうすればいいのか？　その解決方法のひとつが、この技になります。現在のIJF（国際柔道連盟）の国際ルールでは足を持つことは禁止なので、相手の後ろ帯をつかみ、引手を強く引いてから大内刈を狙います。

3 相手が切った釣手を背中側に回し、そのまま後ろ帯を握る

6 引手を手前に強く引き、相手をロックした状態で相手の足を刈る

7 足を刈りながら、自分の体重を相手にあずけるようにして倒す

自分より身長の高い相手と、相四つで組んだときの基本姿勢

 相手が自分の引手を切り、有利な体勢に組み直そうとする

5 軸足を刈足の後ろに移動させて、大内刈の動作に入る

4 相手に密着し、切られた引手を相手の後ろ帯に回してつかむ

大内刈（後ろ帯）・基本解説　85

相手の後ろ帯をつかんだ引手をしっかり引く

この技で最大のポイントとなるのが、引手の使い方。相手の後ろ帯を引手でしっかりつかみ、できるだけ相手の身体と密着するようにする

技をかけるタイミングで、引手を手前に強く引くことが重要になる。これにより相手のバランスを崩し、大内刈をかけやすくする。同時に、相手の返し技を防ぐことにもつながる

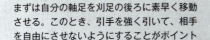

足で円を描くようなイメージで相手の足を刈る

まずは自分の軸足を刈足の後ろに素早く移動させる。このとき、引手を強く引いて、相手を自由にさせないようにすることがポイント

相手の両足の間に入れた刈足は、円を描くようなイメージで動かしながら、相手の軸足を刈り倒す

自分より大きい相手に対しては、足を刈ったあと、軸足の力を使いながら自分の身体をあずけるようにして、前に倒れ込むと効果的

小内刈から大内刈

小内刈と見せて相手の刈足を払って大内刈

1 相四つで組んだときは、相手の刈足が前に出ているので大内刈を狙いにくい

2 そこで、邪魔になっている相手の足を刈り足で払い、小内刈と見せかける

3 刈足を払われたことにより、相手は軸足だけでバランスをとって耐えようとする

POINT 相四つの場合は相手の前に出た足が邪魔になる

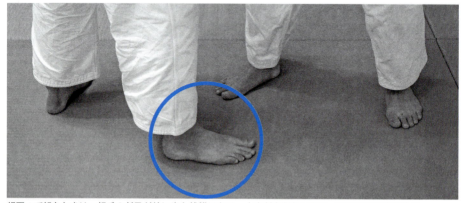

相四つで組むときは、相手の刈足が前に出た状態になる。大内刈を狙うときは、相手の軸足を刈る必要があるので、このままの状態では技をかけにくいケースが多い。特に相手が自分より大きい場合はむやみに接近することは避けたいので、ここで紹介している連絡技を使うなどして、邪魔になっている相手の足を動かすことが重要になる

相四つで大内刈をかけようとしても、相手の刈足が前に出ているため、それが邪魔になります。そのまま大内刈ができればベストですが、それがむずかしいときは、ここで紹介する連絡技が有効です。小内刈を入れて相手の刈足を払うとスペースが生まれるので、それを生かして大内刈をかけると、決まりやすくなります。

相手は足を後ろに着地させて構えるので、自分との間にスペースが生まれる

スペースを生かし、大内刈へ移行。引手を引きながら軸足を刈足の後ろに回す

引手を引きながら、刈足を相手の両足の間に入れて円を描くように動かす

自分の刈足を相手の軸足の後ろ側にあてて、そのままの勢いで足を刈る

足を刈りながら釣手と引手で相手の上体を崩し、自分の身体をあずけるように倒す

背負投
せおいなげ

背の高い相手には目線が合わない技が有効

身長が高い選手は、目線が合わない技を苦手とします。そのため、ふところに潜り込まれることを嫌う傾向があり、それらを満たしている背負投は、自分より身長の高い相手と対戦するときに有効な技となります。背負投は釣手を相手のわき下にあてるパターンや、腕にあてるパターンなどがあるので、自分に合った方法を身につけてください。

1 相四つで組んだとき、相手との間に正方形ボックスをつくっておく

4 両足の向きをそろえて180度回転し、釣手のひじを相手のわき下に入れる

5 引手を引きながら、相手の身体を自分の背中に乗せる

2 タイミングを見計らい、スペースを生かして足を踏み出す

3 腕時計を見るように引手を上げ、自分の身体を入れるスペースをつくる

6 縦回転の力を利用して、相手の身体を背負った状態で投げる

7 そのまま引手を自分の側に引き寄せ、相手を完全に投げる

背負投・基本解説

釣手の位置は自分に適した形を見つける

背負投のポイントは、腕時計を見るイメージで引手を上げることにある。そのとき、相手のわき下に生まれるスペースに釣手のひじをもぐり込ませる

ひじを相手のわき下にあてる形

自分の釣手のひじを相手のわき下にあてながら投げるという、比較的オーソドックスな形。釣手は内手首、内ひじを利用する

ひじを相手の腕にあてる形

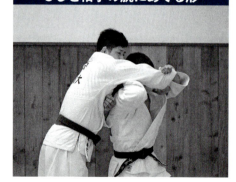

自分の釣手のひじを相手の腕にあてて投げる形。どちらが正しいというわけではなく、大切なのは自分に合った形や状況に応じた形を使い分ける柔軟性にある

POINT 背負投のときは両足の向きをそろえることが重要

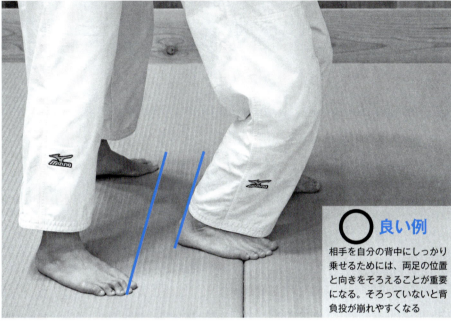

○ 良い例

相手を自分の背中にしっかり乗せるためには、両足の位置と向きをそろえることが重要になる。そろっていないと背負投が崩れやすくなる

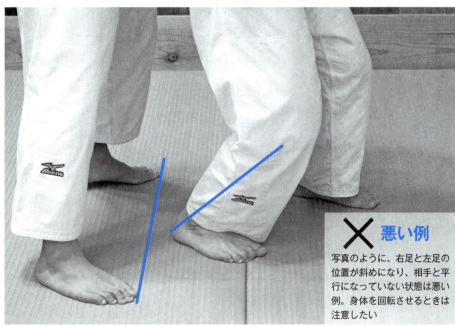

✕ 悪い例

写真のように、右足と左足の位置が斜めになり、相手と平行になっていない状態は悪い例。身体を回転させるときは注意したい

背負投から小内刈

背負投と見せて相手が下がった瞬間に小内刈

1 背の高い相手と相四つを組むときは相手との間に正方形ボックスをつくるようにする

2 相手との間にあるボックスのスペースを生かし、背負投をかけると見せかける

3 引手は腕時計を見るイメージで引き上げ、釣手を相手のわき下にあてる

POINT　刈足を相手の足の間に入れて小内刈に切り替える

まず、背負投と見せかけるため、自分の身体を回転させるために軸足を回す。そして、相手が踏ん張って後ろに重心をかけたときに、刈足を相手の両足の中に入れ込む。背負投から小内刈に切り替えるときのこの動作とタイミングが、この連絡技のポイントのひとつになる

これは自分より身長の高い相手に有効な連絡技です。身長の高い選手には相手との距離を縮めておきたいという意識がはたらきますが、その場合、簡単に背負投をするスペースを確保できない状況が生まれます。そこで、背負投と見せかけ、相手が重心を後ろにして引いたところを狙って小内刈をかけると効果的です。

相手が警戒して後ろに引いて体重移動したとき、刈足を相手の足の間に入れる

相手が後ろに重心をかけたタイミングを逃さず、刈足を相手の足に深めにかける

釣手と引手を固定して相手のバランスを崩しながら、ふくらはぎの部分を中心に刈り足をかけて倒す

相手を倒したところで、背負投から小内刈という連絡技が成功する

区画Cを攻略する

	相四つ	ケンカ四つ
対高身長	A	D
対同身長	B	E
対低身長	C	F

本書で紹介する区画C攻略に有効な基本技

[BIG 6]払腰（はらいごし）／[SMALL 4]払腰（はらいごし）から支釣込足（ささえつりこみあし）

[SMALL 4]小外刈（こそとがり）から払腰（はらいごし）／[BIG 6]大外刈（おおそとがり）

[SMALL 4]大外刈（おおそとがり）から支釣込足（ささえつりこみあし）

[SMALL 4]大外刈（おおそとがり）から小内刈（こうちがり）

対低身長の対戦相手

組手は相四つ

ひし形ボックスで相手との距離を縮める

　区画Cにおいては、自分より相手が低身長であるため、むしろ直接胸が合うような形をつくって、自分の圧力をかけることが望ましくなります。

　そこで区画Aのケースとは対照的に、正方形ボックスを崩して、ひし形ボックスを形成するように心がけます。間合いを詰めることによって、相手との距離が縮まると、相手は技に対する反応がむずかしくなります。

　逆に、正方形ボックスをつくられると、自分のふところに入られてしまうケースが出てきますので、注意しましょう。

　この区画Cでの有効な技は、「BIG 6」の大外刈、払腰、「SMALL 4」の支釣込足、小外刈などがあげられます。

ひし形ボックスを形成するように心がける

区画C攻略に有効な技

【BIG 6】
払腰、大外刈
【SMALL 4】
払腰から支釣込足、小外刈から払腰、大外刈から支釣込足、大外刈から小内刈り
【その他】
巴投、帯取返

払腰
はらいごし
釣手の位置が自分の肩より下がらないように

自分より身長が低い相手に払腰をかけるときに気をつけたいのは、釣手の位置です。釣手が下がってしまうと回転するのがむずかしくなるので、肩と同じか、肩より高い位置を確保します。そして、投げるときは縦手首だと限界があるので、横手首にします。つまり、縦と横を組み合わせながら釣手の位置を投げやすい高さに動かすことがポイントになります。

1 相四つで組み、まずは相手との間に正方形ボックスをつくる

4 横回転の力を利用して、相手を前に引き出しながら、刈足を上げる

5 刈足を、相手のひざ下部分にあてながら相手の身体を腰に乗せる

腕時計を見るようにして引手を引き上げ、ひし形ボックスをつくるように心がける

 ひし形ボックスのスペースを利用して、身体を回転させる

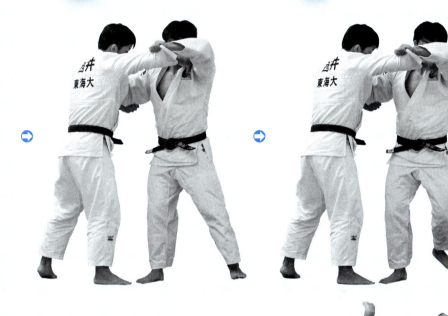

 刈足をそのまま高く払い上げ、引手でバランスをとりながら相手を投げる

 軸足でしっかりバランスをとりながら、相手の身体を投げきる

POINT 正方形ボックス→ひし形ボックス→ボックス崩し

自分より身長が低い相手と相四つで組んだときは、相手が間合いをとろうとするので相手との間に正方形ボックスができる

払腰をかけるためには、釣手を動かしながら相手との間合いを詰めて、ボックスをひし形にする

POINT 釣手を自分の肩よりも高い位置にして技をかける

◯ 釣手が肩より上

釣手を自分の肩よりも上にしておくことで、スムースに自分の身体を回転させることができる

✕ 釣手が肩より下

釣手の位置が自分より下にあるときは、自分の身体を回転させるのがむずかしくなる。肩、手首のケガの原因にもなるので要注意

釣手を自分の肩より上に移動させながら引手を引いて、ボックスを崩して相手と胸を突き合わせる（写真は横手首のケース）

ボックスを崩したら引手を上げて、払腰をかける。技をかけるときは無理やり仕かけるのではなく、つねにこのボックスの形を意識する

POINT 自分より身長が低い相手に対しては横手首が効果的

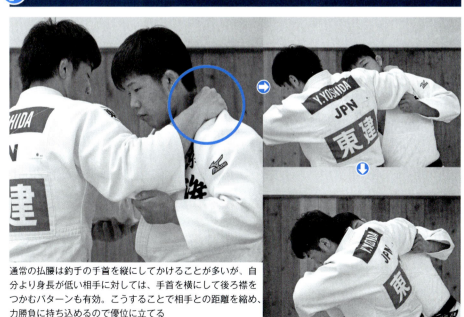

通常の払腰は釣手の手首を縦にしてかけることが多いが、自分より身長が低い相手に対しては、手首を横にして後ろ襟をつかむパターンも有効。こうすることで相手との距離を縮め、力勝負に持ち込めるので優位に立てる

払腰から支釣込足
払腰と見せて相手が体重移動した瞬間を狙う

1 相手と相四つで組み、ひし形ボックスをつくって払腰を狙える体勢をとる

2 引手を引きながら刈足を前に振り上げ、払腰をかけると相手に見せかける

3 相手が払腰を警戒して踏ん張ったところで、踏み出した足を戻して支釣込足に移る

POINT 相手の反応をよく観察して技を変化させる

払腰と見せかけるときは、相手との間にあったボックスを壊した状態になっている。払腰から支釣込足につなげるときは、一度壊したボックスを再びひし形ボックスの状態に戻して、身体を回転させる

ここで紹介するのは、払腰と見せかけて、相手が反応したところを狙い、支釣込足に移行するという連絡技です。相四つのときに払腰を警戒すると、体重を軸足側に移すので、そこに支釣込足のチャンスが生まれます。釣手と引手を使って横回転を生み出すことも、ポイントになります。

釣手で相手の身体を引き、軸足でバランスをとりながら刈足を出す

釣手をクルマのハンドルを回すイメージでそのまま引き、刈足を相手のひざ下部分にあてる

刈足を相手の足にあてたまま、釣手を引きながら身体を回転させて相手を投げる

軸足で自分の身体のバランスを保ちながら、釣手を引き続けて相手を投げきる

小外刈から払腰

小外刈に警戒して刈足を引いた相手に払腰

1 相四つで組んだときは、相手の刈足が前に出ている状態になる

2 小外刈をかけると見せかけて、刈足を相手の軸足に向って前に踏み込む

3 相手が小外刈を警戒し、刈足を後ろに引いて身体のバランスを保とうとする

POINT 相手の刈足を引かせることでスペースをつくり出す

払腰は、自分の身体を回転させるためのスペースが必要。そこで一度小外刈と見せかけることによって、相手の刈足を後ろに引かせ、スペースをつくることによって払腰をかけやすくすることがポイントになる

一度小外刈と見せかけたあとに払腰に持ち込むという連絡技です。相四つで組んだときは、相手の刈足が前にあるため、そのまま払腰をするには邪魔になります。そこで、小外刈をかけると見せかけ、その足を後ろに引かせることで、自分の身体を回転させるスペースをつくり出してから、払腰に移ります。

4 相手と自分の間に大きなスペースが生まれ、払腰をかけやすい状態になる

5 腕時計を見るように引手を上げながら、自分の身体を回転させて払腰の動作に入る

6 引手でバランスをとりながら、横回転の力を利用して身体を回転させる

7 刈足を相手のひざ下の部分にあてながら、横回転の力で相手を投げる

8 刈足を跳ね上げ、引手でバランスをとりながら相手を投げきる

大外刈
おおそとがり

身長が低い相手には胸をつけてから大外刈

　自分と同じ、もしくは自分より高い身長の相手に対しては、相手との間にボックスをつくって間合いをとりますが、自分より低い身長の相手に対しては、ボックスを壊して釣手が下がらないようにしたほうが有利になります。よって、大外刈をかけるときも、相手を引きよせてから技をかけることが重要なポイントになります。

3 相手と胸をつけながら、自分の軸足を前に踏み込む

7 相手を投げきったところで、大外刈が成功

6 軸足でバランスをとり、刈足を後ろに振りながら浴びせ倒すイメージ

1 相四つで組むとき、小さい相手はボックスをつくろうとする

2 引手を引き、釣手をたぐりながらボックスを壊し、相手と自分の胸をつける

4 十分に相手の身体を引きつけ、刈足をコンパクトに振り上げる

5 釣手と引手で相手のバランスを崩しながら、刈足で相手の軸足を刈る

大外刈・基本解説

釣手の横手首を使って相手を引きよせる

別アングル

自分より身長が低い相手に対しては、まず引手を引き、釣手をたぐりながらボックスを壊し、相手を引きよせることがポイント。これにより、相手は身動きがとれなくなり、自分にとって技をかけやすい状況が生まれる。そのとき、釣手は横にして相手の後ろ襟をしっかり握っておくことも重要

POINT 相手の目線を下に向けさせながら相手に密着する

身長の低い相手は、高い相手に対してボックスをつくって間合いをとろうとする

そこで、足を払う動きなどをして相手の目線を下に向けさせる動作を入れる

相手の頭が下がっている状態が続くと、相手を引きよせやすい状況が生まれ、大外刈をかけやすくなる

大外刈から支釣込足

自分の刈足を振り子のように動かす支釣込足

1 相四つで組み、大外刈をかけると見せかけ、刈足を踏み出す動作に入る

2 ボックスを壊して大外刈をかけるために足を上げると、相手が警戒する

3 そこで、軸足を支点にして右に身体を回しながら、刈足を元に戻す動作に移る

POINT　刈足は振り子のような動きで支釣込足に移る

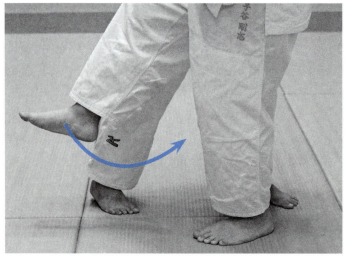

この連続技の動作をワンステップで行うためには、刈足を振り子のようなイメージで動かすことがポイントになる

大外刈と見せかけて支釣込足をかける連絡技です。一般的に、自分より身長の低い相手は、足下をよく見る傾向があります。よって、大外刈をかけようと足を踏み出すと、すぐに反応して足を引きます。そこで、振り上げた足を後ろに戻しながら、そのまま相手の軸足にあてて支釣込足につなげます。

横回転の力を利用しながら、釣手を引いて相手のバランスを崩す

釣手を引いて相手の身体のバランスを崩しながら、刈足を相手の足にあてる

クルマのハンドルを回すように横回転を続け、相手を投げるイメージ

そのまま身体を回しながら相手を横に投げ、支釣込足が成功

大外刈から支釣込足 | 111

大外刈から小内刈
大外刈を警戒した相手が下げた足を小内刈

1 相手と相四つを組み、ボックスを崩した状態で大外刈の準備に入る

2 引手を引きながら、足を踏み出して大外刈の動作に入る

3 その動きに敏感に反応した相手が、大外刈を回避するために刈足を後ろに引く

POINT 胸は閉じた状態から開いた状態に変化させる

大外刈をかけるときは、相手との間にあるひし形ボックスを一度壊し、胸が閉じた状態で技の動作を開始する

しかし、小内刈へと移るときには、閉じた胸をゆるめ、相手がその圧力から開放されたいとする動きを利用することがポイント

大外刈を警戒した相手が足を後ろに下げる動きを狙い、小内刈をかけるのがこの連絡技です。相手の重心が後ろに下がるのを利用するので、比較的決めやすい技だと言えるでしょう。大外刈を狙うと見せかけるときは胸が閉じた状態ですが、相手がその圧力から逃れようとする動きを利用することが重要です。

4 そのタイミングを逃さず、小内刈をかけるために軸足を前に踏み出す

5 下がる相手の刈足の内側に自分の刈足をあてる

6 釣手と引手を固定しながら、バランスを崩した相手を刈り倒す

7 そのまま足を払い、バランスを崩した相手をコントロールする

8 相手が倒れたところで、大外刈から小内刈への連絡技が成功

大外刈から小内刈 | 113

区画Eを攻略する

	相四つ	ケンカ四つ
対高身長	A	D
対同身長	B	**E**
対低身長	C	F

本書で紹介する区画E攻略に有効な基本技

[BIG 6] 体落(釣手下)／[BIG 6] 体落(釣手上)

[BIG 6] 内股(釣手下)／[BIG 6] 内股(釣手上)

[BIG 6] 一本背負投(釣手下)

[BIG 6] 一本背負投(釣手上)

対同身長の対戦相手

組手はケンカ四つ

ケンカ四つでは胸が合わない状況が生まれる

　区画D〜Fに見られるケンカ四つ同士では、自分の立ち位置と相手の立ち位置がカタカナの「ハ」の字の形になり、互いに釣手が邪魔をして胸が合わない状況が生まれます。

　釣手も上からと下からに分かれるため、非常に複雑な技術が求められます。ケンカ四つは技術勝負という所以は、ここにあります。

　この区画Eに指定した同身長でのケンカ四つ（右組対左組）は、特に釣手が上からと下からの攻防が起こりやすいので、上からでも下からでもかけることができる技をおすすめします。

　ここでは「引手」は「外引手」を軸にし、釣手は「縦手首」→「縦ひじ」を基本とし、「上からは閉じる」「下からは開く」の2種類をあげます。区画Eではオーソドックスな形として「BIG 6」の体落、内股、一本背負投とその連絡技を紹介します。

区画E攻略に有効な技

【BIG 6】
体落、内股、一本背負投
【その他】
袖釣込腰、肩車、巴投、移腰（櫓投）

体落（釣手下）
ケンカ四つで、釣手が下になったときの体落

組手がケンカ四つになっているときは、相手と自分の足の向きが「ハ」の字を描くため、お互いの胸と胸は合わない状態になります。体落は、胸を合わせず横回転で投げる技なので、ケンカ四つのときに有効です。主として釣手が下からの体落が多く使われますが、上からの釣手の体落もできるようになると、技術の幅が広がります。

1 ケンカ四つでは互いの足が「ハ」の字になり、胸を合わせない正方形ボックスになる

4 釣手は縦手首で相手の身体を固定しながら、刈足を外側に出す

5 刈足を相手の軸足の前に出し、それを支点にして引手をひじのほうに回転させる

腕時計を見るイメージで、引手のひじを横にしてひし形ボックスにしながら引き上げる

 相手との間にあるそのボックスを利用して身体を回転させる

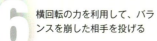 横回転の力を利用して、バランスを崩した相手を投げる

相手の身体が回転して投げられることで、体落が成功する

体落（釣手下）・基本解説

縦ひじと横ひじを織り交ぜて釣手の位置を動かす

釣手の腕が肩よりも下がっているので、このままでは体落がかけられない

そこで、釣手のひじを横にし、横手首にして相手の釣手を持ち上げながら、自分の釣手の位置を上げる

再び釣手のひじを縦に戻し、縦手首の状態にするタイミングで、手首を立てて体落をかける体勢を整える

POINT 体落をかけるときの両腕の動きを確認しよう

ケンカ四つで組むと、相手との間に正方形ボックスをつくった状態になる

引手を引きながら、相手の引手を上に持ち上げて自分の身体を回転させるためのスペースをつくる。引手を持ち上げるときは腕時計を見るイメージで

襟をつかんだ釣手を縦手首、縦ひじで固定し、引手を引きながら横に回転させる

体落(釣手上)

ケンカ四つで、釣手が上になったときの体落

ケンカ四つでは、釣手が相手の腕の下にあるか、上にあるか、という違いが出てきます。ここでは、自分の釣手が相手の釣手の上にある状態の体落を紹介します。ただし、P116〜117で紹介した釣手が下にあるときと同様に、釣手を縦手首、縦ひじにしておくことに違いはありません。状況に応じて使い分けられるようにしましょう。

1 自分の釣手が相手の釣手の上にあるときも、縦手首、縦ひじにする

4 釣手で相手の身体を釣り上げるように固定し、刈足を外側に出す

5 刈足を相手の軸足の前に出し、それを支点にしながら引手をひじのほうに回転させる

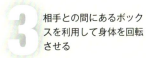

2 腕時計を見るイメージで、引手のひじを横にして上に引き上げる

3 相手との間にあるボックスを利用して身体を回転させる

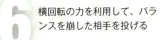

6 横回転の力を利用して、バランスを崩した相手を投げる

7 引手と釣手で相手の身体が回転して投げられることで、体落が成功する

釣手が上になったときも縦手首、縦ひじにする

ケンカ四つで組んだとき、自分の釣手が相手の釣手より上になったときも、技をかけるときは必ず縦手首、縦ひじの状態にしてから体落の動作を開始する。この形を固定することで、身体の横回転の力が腕にも伝わりやすいうえ、ケガの防止にも役立つ

中入れひじを上手に使う

下の写真の別アングルがこの写真。これを見ると、顔の向きがわかりやすい

別アングル

引手を固定し、相手の釣手が上がってこないように顔を逆方向に向けて、あごを自分の肩に乗せる（P48参照）

引手を固定し、釣手を曲げて縦手首、縦ひじの状態にする。引手を腕時計を見るように上げて、体落の動作に入る

内股（釣手下）

ケンカ四つで、釣手が下になったときの内股

　内股は、相手の両足と自分の両足が「ハ」の字を描くケンカ四つとの相性がとても良いと言えます。それは、相手との間にスペースがあるため、自分の刈足を入れやすいというメリットがあるからです。ただし、その足を深く入れすぎるとせっかくのスペースをつぶしてしまい、身体を回転させにくくなってしまうので注意しましょう。

3 引手を腕時計を見るように釣手とともに上に持ち上げて、相手のバランスを崩す

7 刈足をそのまま大きく振り上げ、相手の身体を回転させながら投げきる

6 刈足を相手の足の内側にあて、軸足を支点に自分の身体を回転させる

1 ケンカ四つで組み、相手との間に正方形ボックスをつくる

2 相手との間にあるスペースを使って回転するために、刈足を踏み出す

4 軸足は刈足の近くを通り、回転させる

5 釣手と引手でバランスをとりながら自分の腰に乗せるイメージ

内股（釣手下）・基本解説

外引手から腕時計を見るようにして引手を上げる

ボックスをつくっているとき、引手は外引手で相手の袖を持った状態になっている

内股をかけるために引手を持ち上げるときは、腕時計を見るようなイメージで

POINT 引手でつくるひし形ボックスを壊さない

ケンカ四つで組むときは、正方形ボックスから引手を上げ、ひし形ボックスをつくることで、相手との間にスペースが生まれる。内股をかけるときは、このボックスを保っておくことで、自分の身体を回転させるスペースを確保することができる

刈足はあまり深く踏み込まないようにする

前に踏み出した刈足は、相手との中間地点に置くのが基本だが、あくまでも自分が回転しやすい位置を見つけ、そこに置くことが重要

✕ 深く踏み込みすぎ 刈足を深く踏み込みすぎると、せっかくのスペースがつぶされてしまい、自分の身体を回転させられなくなってしまう

内股（釣手上）

ケンカ四つで、釣手が上になったときの内股

ここで紹介するのは、ケンカ四つで組んだとき、自分の釣手が相手の釣手の上にある状態のときの内股です。この場合、基本的に釣手の整え方の違いはありますが、そのほか足の運び方や身体の回転のさせ方などは、釣手が下の場合とほぼ変わりはありません。釣手のとり合いの攻防のなかで、どちらになっても使えるようにしておきましょう。

3 引手でバランスを保ちながら、軸足を刈足の後ろで回転させる

7 そのまま相手の身体を投げたところで、内股が成功

6 釣手と引手を回しながら、相手を腰に乗せて刈足を跳ね上げる

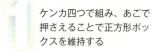

2 刈足を踏み出し、引手の手首を返し、ひし形ボックスをつくる

1 ケンカ四つで組み、あごで押さえることで正方形ボックスを維持する

5 軸足でバランスをとりながら、刈足を相手の足の内側に入れる

4 軸足は刈足の近くを通して回転させる

内股（釣手上）・基本解説

釣手が上の場合でも引手の使い方は変わらない

あごで相手の釣手を押さえ、ケンカ四つで正方形ボックスをつくっているときの引手は、順手で相手の袖を持っている状態

手首を返しながら引手を持ち上げ、ひし形ボックスをつくる

引手を持ち上げて肩の位置まできたとき、引手の手首とひじは完全に横になった状態になっている

引手を上げるときは腕時計を見るイメージで

引手を持ち上げるときに忘れてはいけないのが、顔を上げておくこと。
そのためにも、腕時計を見るイメージで引手を持ち上げるようにする

一本背負投（釣手下）
いっぽん せ おい なげ

ケンカ四つで、釣手が下になったときの一本背負投

ケンカ四つで組んだときは、相手の足と自分の足が「ハ」の字になり、そこにスペースが生まれるため、一本背負投も有効になります。技をかけるときは、まず釣手を引き上げることで自分の身体を回転させるスペースをつくってから回転に入ります。相手のお腹を自分の背中に乗せて担げるような位置に、自分の足を置くことも重要になります。

1 ケンカ四つで引手のとり合いを繰り広げるなか、釣手を押さえながら隙を狙う

4 両足を相手の足と平行になる位置にそろえ、引手を相手の上腕の下に入れる

5 上腕に入れた引手をロックして、釣手を引きながら相手の身体を担ぐ

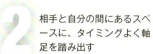
2 相手と自分の間にあるスペースに、タイミングよく軸足を踏み出す

3 釣手の手首を縦から横に変え、軸足を支点に身体を回転させる

6 そのまま釣手を下に引きながら、担いだ相手を背負って投げる

7 相手の身体を投げたところで、一本背負投が成功

一本背負投（釣手下）・基本解説

> **POINT** 釣手の手首を縦から横にし、回転スペースをつくる

ケンカ四つで組んだとき、まずは釣手を縦手首、縦ひじにして釣手の軸をつくる

釣手の手首とひじを縦から横に変えて相手の腕を持ち上げる。それにより自分が回転するスペースをつくる

相手の腕が上がったことで生まれたスペースを利用して、一本背負投をかけるために身体を回転させる

一本背負投をかけるときの足の運び方と位置

身体を回転させやすい位置に軸足を踏み出す。踏み込みすぎると回転がむずかしくなるので要注意

身体を回転させるときは、円を描くようなイメージで刈足を移動させる

相手の胸を自分の背中につけられるように、自分の足を相手の足と平行になるような位置に置く

相手の足と平行になっていない

相手の足と自分の足が平行になっていないと、相手の身体が背中にしっかり乗らないので、投げられなくなってしまう

一本背負投 (釣手上)

ケンカ四つで、釣手が上になったときの一本背負投

ここでは、ケンカ四つで組んだとき、釣手が相手の釣手の上にある状態でかける一本背負投を紹介します。この場合も、釣手の使い方以外は釣手が下にあるときとほぼ同じ動作となります。釣手を持ち上げるときは、手首とひじを縦から横に変化させますが、下にあるときのように釣手で相手の腕を持ち上げる必要はありません。どちらもできるようにしておきましょう。

1 引手の攻防を繰り広げるとき、相手の釣手を押さえながら隙を狙う

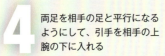

4 両足を相手の足と平行になるようにして、引手を相手の上腕の下に入れる

5 相手の上腕の下に入れた引手をロックし、釣手を引きながら相手を担ぐ

釣手の手首を縦から横に変え、タイミングよく軸足を踏み出す

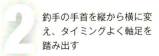 釣手で相手の上体を引き上げながら、軸足を支点に身体を回転させる

釣手を下に引きながら、担いだ相手をそのまま投げる

相手の身体を投げきったところで、一本背負投が成功

相手の釣手に圧力をかけ、その反発を利用する

釣手が上にある状態の場合も、釣手を縦手首、縦ひじにして、上から相手を押さえつけ、圧力をかける

相手の反発する力を利用し、釣手の手首とひじを縦から横に変えて、自分が回転するスペースをつくる

釣手が下のときと同じように、釣手を持ち上げたことで生まれたスペースで自分の身体を回転させる

背負うときは自分の背中に相手のお腹を乗せる

○ **背中に相手のお腹を乗せる**

相手の身体を背負って投げるときは、しっかり身体を担げるように相手のお腹を背中に乗せる（釣手が下のときと同様）

× **背中と相手の間に隙間がある**

両足を相手の足と平行にしないと、このように相手と自分の間の隙間ができてしまい、うまく担ぐことができない

POINT 相手の上腕の下に入れた腕をしっかりロックする

別アングル

釣手が下にあるときも上にあるときも、一本背負投をかけるときは相手の上腕の下に自分の引手を入れ、しっかりロックして投げることがポイントになる

区画Dを攻略する

	相四つ	ケンカ四つ
対高身長	A	D
対同身長	B	E
対低身長	C	F

本書で紹介する区画D攻略に有効な基本技

[BIG 6] 体落（たいおとし）／[BIG 6] 大内刈（おおうちがり）（斜め）

[BIG 6] 大内刈（おおうちがり）から体落（たいおとし）／[SMALL 4] 大内刈（おおうちがり）から足払（あしばらい）

[BIG 6] 背負投（せおいなげ）／[SMALL 4] 背負投（せおいなげ）から小内刈（こうちがり）

[BIG 6] 一本背負投（いっぽんせおいなげ）（釣手下）／[BIG 6] 一本背負投（いっぽんせおいなげ）（釣手上）

[SMALL 4] 一本背負投（いっぽんせおいなげ）から小内刈（こうちがり）

対高身長の対戦相手

組手はケンカ四つ

釣手を高くして、頭が下がらないようにする

　区画Dにおいて、自分より相手が高身長の場合、自分の釣手は下から持つことが多くなります。下から持った釣手が低くなり、自分の頭が下がってしまうと、相手の圧力がかかり、おおむね不利な状況になります。

　そこで「下からは開く」をテーマに、「縦手首」「横手首」を使いながら、釣手をつねに高い位置に保つよう心がけることが大切になります。この技術は片手のみで行うケースと、「引手」との共同作業で両手を使って行うケースの2種類ができると、より効果的です。

　ここでの有効な技は、「BIG 6」の体落、大内刈、一本背負投（釣手下）、「SMALL 4」の足払、小内刈などがあげられます。

釣手をつねに高い位置に保つように心がける

区画D攻略に有効な技

【BIG 6】
体落、大内刈、大内刈から体落、背負投、一本背負投

【SMALL 4】
大内刈から足払、背負い投げから小内刈、一本背負投から小内刈

【その他】
肩車、巴投

区画D攻略の基礎知識

体落
ケンカ四つから身長が高い相手にかける体落

体落は横回転を使った技であり、大内刈や小外刈などとの相性が良いため、自分より身長の高い相手とケンカ四つで組んだときには、特に有効になってきます。身長が高い相手と組むときは、釣手が相手の腕の下にある状態がほとんどなので、ここでは釣手が下になったときの体落のみを紹介していきます。

1 身長の高い相手とケンカ四つで組んだ場合、釣手は相手の腕の下で正方形ボックスを形成する

4 目線を切らさず相手の身体を回転させながら、刈足を外側に出す

5 刈足を相手の軸足の前に出し、それを支点に引手をそのまま回転させる

引手を引いたあと、手首とひじを横にして相手の引手を持ち上げ、ひし形ボックスになる

 釣手は縦手首、縦ひじで固定しながら、できたスペースを利用して身体を回転させる

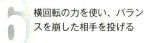 横回転の力を使い、バランスを崩した相手を投げる

 相手の身体を回転させて投げることで体落が成功

引手は姿勢の支点であり、攻撃の支点でもある

◯ 引手を引いている

引手を自分のエリア側までしっかり引くことで、良い姿勢が保てる。また、引手を支点に攻撃を仕かけられる

✕ 引手が相手側

引手が相手のエリアにあるときは、姿勢が崩れてバランスを失いやすい。また、相手から攻撃を受けやすくなる

POINT　ひし形ボックスを形成し、回転の力を利用する

踏み出した足の位置は、相手の両足の中間地点で三角形になるのが基本だが、個人差もあるので各自でベストな位置を身につけよう

軸足は、踏み出した足の後ろに動かし、かかとを上げる。また、写真のように身体を回転させやすい向きにする

刈足は相手の足の外側まで伸ばしておく。この足を支点にして、相手を横回転で投げる

大内刈（斜め）
おおうちがり

自分より身長が高い相手に対する斜め向きの大内刈

4 釣手と引手で相手を崩し、固定する。刈足を足にかける

3 相手が踏ん張ったので、引手を下げながら大内刈に切り替える

8

7 相手の支える足の向きの横方向にケンケンで進む

12 相手が完全に倒れ込み、大内刈が成功

11 そのまま自分の身体をあずけるように相手を押し倒す

身長が高い相手に対しては大内刈が有効になりますが、ここではケンカ四つで組んだとき、斜め方向に大内刈をかけて、ケンケンで押しながら倒す技を紹介します。大内刈と体落の相性はとても良いので、仮に大内刈を外されたとしても、そのまま体落に持ち込めるというメリットもあります（P150〜153参照）。

2 引手を上げ、身体を回転させながら体落を試みる

1 自分より身長の高い相手とケンカ四つを組む

5 ケンケンの状態で相手を押しながら前に進む

9 釣手と引手を固定したまま押し続けると相手が踏ん張りきれなくなる

釣手と引手をしっかり固定したまま、相手を押す

釣手は肩より高い位置（鎖骨あたり）の襟を握り、縦手首、縦ひじで固定する

引手は手前側に強く引き、わきを締めて固定する。それによって相手のバランスが崩れやすくなる

　大内刈をかけ、踏ん張る相手に対してケンケンで押し続けるときは、釣手と引手を固定することがポイントになります。固定する際は、釣手は相手の鎖骨あたりの襟をつかんで強く前に押し、引手は袖をつかんで強く引いた状態になります。

POINT 相手がケンケンしにくい方向に向かって押す

刈足を相手の足にかけ、軸足ケンケンで前に進むときは、相手の足の外くるぶしの方向に向かって進むことがポイントになる

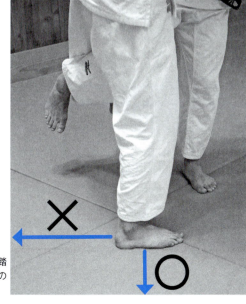

相手はかかとの方向に押されると踏ん張りがききやすく、外くるぶしの方向に押されると倒れやすくなる

大内刈から体落

大内刈が外されたときに体落に切り替えると効果的

1. 自分より身長の高い相手とケンカ四つを組む
2. 相手との間にあるスペースを利用して大内刈の動作に入る

5.
6. 相手が後ろに下がりながら刈足を完全に外した

9. 相手の重心が前がかりになっている瞬間を逃さず、体落に入る
10. 引手を持ち上げてひし形ボックスをつくり、相手との間のスペースで身体を回転させる

ここでは、大内刈と体落との相性の良さを生かした「BIG 6」から「BIG 6」への連絡技を紹介します。ポイントは、相手が大内刈を回避しようとするとき、身体の重心が前がかりになることです。前に体重がかかると、体落をかけるには絶好のチャンスとなりますので、実践ではとても効果的な連絡技となります。

刈足を相手の足にかけると、相手が踏ん張る

相手が下がりながらかけられた足を外そうとする

下がった相手を、釣手と引手を引くことで固定する

刈足を相手の足の外側に伸ばして、そのまま引手を引いて回転する

相手を投げきり、大内刈から体落への連絡技が成功

大内刈から体落・基本解説

相手が大内刈を外すために重心を前がかりにする

大内刈をかける側が前方向にケンケンで押し倒そうとすると、写真にある矢印のように、かけられる側は重心を前に傾けてそれを回避する。重心が前になったとき、体落をかけやすい状況が生まれる

POINT 相手が重心を前に残しているときに体落に入る

かけられた足を外した相手が、下がりながら重心を前に残している

重心が前に残っている瞬間を逃さず、素早く体落に入る。タイミングを逃すと相手に踏ん張るチャンスを与えてしまうので要注意

腕時計を見るように引手を上げてひし形ボックスをつくり、相手との間のスペースを利用して身体を回転させながら体落をかける

大内刈から足払
相手が重心を後ろに残したら足払をかける

1 ケンカ四つで組んだときのスペースを生かして、大内刈をかける

2 大内刈を回避するために、相手が後ろに下がりながら踏ん張る

3 相手が刈足を完全に外して、大内刈を回避することに成功

POINT　相手が重心を後ろに残している瞬間を狙う

この連絡技の最大のポイントは、相手の重心がどの方向に傾いているのかを把握することにある。写真のように、相手が重心を後ろに残していた場合は、すかさず足払をかける。前がかりになっている場合は、体落をかけると効果的（P150～153参照）

ここで紹介するのは、大内刈から足払への連絡技です。大内刈から体落への連絡技のときは、相手が重心を前がかりに残している瞬間を狙いましたが、こちらはその逆。相手がすぐに重心を後ろに残した瞬間を狙った技になります。相手の重心がどちらにあるのかをつねに判断し、使い分けられるようにしましょう。

大内刈は回避したものの、相手は勢いに押されて重心を後ろに残した状態

重心が後ろに残っている瞬間を狙って、お腹を出すように相手の刈足を払う

刈足で相手の足を外から内に向かって払う

重心が後ろに残っていた相手が完全にバランスを崩してしまう

相手が後ろに倒れたところで、大内刈から足払の連絡技が成功

背負投
せおいなげ

相手に両襟をつかまれた場合は背負投を選択する

身長の高い相手とケンカ四つで組むとき、相手に両襟をつかまれるケースがあります。その場合、両方の手で強く押さえつけられているので、横回転の体落をかけることができません。そこで、縦回転の背負投に切り替えることがポイントになります。特殊な例ですが、実戦で想定できることなので、ふたつの技を使い分けられるようにしましょう。

1 ケンカ四つを組んだとき、身長の高い相手に両襟をつかまれた状態

4 両足の向きを相手の足と平行にし、腕時計を見るイメージで回転する

5 釣手を相手の上腕の下に入れ、担ぐように相手の身体を背中に乗せる

2 背負投を選択し、刈足を踏み出しながら引手を上に持ち上げ、ひし形ボックスをつくる

3 釣手を内手首、内ひじにし、引手を上げて生まれたスペースで回転する

6 引手を下に引きながら、前かがみの姿勢で担いだ相手を投げる

7 相手の身体を縦回転で投げきったところで、背負投が成功

引手は順手から手首を返して持ち上げる

相手に両襟をつかまれて押さえられたときも、通常のケンカ四つと同様に、引手は順手で袖をつかむ

背負投をかけるときは、引手の手首を返し、上に持ち上げて自分が回転するためのスペースをつくる

腕時計を見るようなイメージで引手を上げながら、釣手を相手の上腕の下（もしくはわき下）に入れる

POINT 釣手は縦の状態から内手首、内ひじに変える

ここでは、わかりやすいように釣手の動きだけに注目。まずケンカ四つを組むときは、縦手首、縦ひじにする

身体の回転とともに、釣手を内側に回転させ、内手首、内ひじにして襟を手に巻きつける

相手の身体を背負って投げるときには、左の写真のような状態まで釣手を回し、襟を巻きつける

背負投から小内刈
相手の重心が後ろに傾いたときに小内刈

1 自分より身長の高い相手とケンカ四つで組み、相手に両襟をつかまれた状態

2 引手を持ち上げながら、釣手の内手首を使って背負投の体勢に入る

3 相手が背負投を警戒して後ろに重心を傾けた隙を狙い、小内刈に移行する

POINT 刈足を相手の足のアキレス腱付近にかける

小内刈をかけるときのポイントのひとつは、刈足を相手の軸足のアキレス腱のあたりにかけることにある。これにより、刈足の力を一点に集中させることができ、自分自身の踏ん張りも利く

ここでは、背負投から小内刈へと移行する連絡技を紹介します。身長の高い相手とケンカ四つで組んだときは背負投が有効になりますが、当然相手もそれを読んで警戒します。そこで、背負投と見せかけて、相手が踏ん張って後ろに重心をかけた隙を狙い、そのまま小内刈をかけます。この技もとても効果的です。

4 刈足を相手の軸足の後ろまで伸ばし、アキレス腱のあたりにあてる

5 刈足をあてたら、軸足を支点にして釣手と引手を固定し、相手を押す

6 そのまま刈足を引っかけながら前に押し続ける

7 相手がバランスを崩して、後ろ側に倒れ込む

8 相手が完全に倒れたところで、背負投から小内刈への連絡技が成功

一本背負投（釣手下）
釣手を相手の下に入れたときの一本背負投

ケンカ四つのときに一本背負投が有効なのは区画Eでも説明しましたが、自分より身長が高い相手に対してもそれは変わりません。むしろ、身長が高い相手と対戦するときのほうが、釣手の位置を高くとるため、技をかけやすい状況になります。ここでは、釣手が相手の腕の下にあるときの一本背負投を紹介しますが、釣手の位置と使い方に注意しましょう。

1 ケンカ四つで引手のとり合いを行うとき、釣手で距離をはかりながら隙を狙う

4 両足を相手の足と平行になるようにして、引手を相手の上腕の下に入れる

5 上腕に入れた引手をロックし、釣手を下に引きながら相手を担ぐ

2 相手と自分の間にあるスペースに、タイミングよく軸足を踏み出す

3 釣手の手首とひじを縦から横に変えて、軸足を支点に身体を回転させる

6 そのまま釣手を引きながら、担いだ相手を背負って投げる

7 相手の身体を投げたところで、一本背負投が成功

一本背負投（釣手下）・基本解説

POINT ケンカ四つで組んだときの釣手の位置を高くする

自分より身長の高い相手にケンカ四つで組んだとき、釣手を自分の肩よりも高い位置の襟をつかむようにする。これは一本背負投以外の技をかけるときも同じで、ケガの防止に役立つというメリットもある

釣手の手首とひじを縦にして釣手の軸をつくる。相手と自分の間にしっかり距離をつくっておく

釣手の手首とひじを縦から横に変えて、釣手を上げる。そこに生まれたスペースで身体を回転させる

POINT 釣手の位置が低いと身体を回転させられなくなる

✕ 釣手の位置が低い

写真のように、釣手の位置が低いと相手に腕で圧力をかけられてしまい、一本背負投をかけることができなくなってしまう。特に相手の腕の下から釣手を入れているときは気をつけたい

釣手を持ち上げようとしても持ち上げられず、身体を回転させるスペースをつくることができない

一本背負投（釣手上）
いっぽんせおいなげ

釣手が相手の腕の上にあるときの一本背負

ここでは、身長の高い相手とケンカ四つで組み、釣手が相手の腕の上にある状態での一本背負投を紹介します。このケースでも、釣手を縦手首、縦ひじにして、相手の釣手の上から下方向に圧力をかけることが重要です。下に押さえられた相手は釣手を上方向に反発させるので、その力を利用して一本背負投の体勢に入ると、スムースに技をかけられます。

1 身長の高い相手に対して、釣手を上にしてケンカ四つを組む

4 相手との間のスペースで身体を回転させ、引手を相手の上腕の下に入れる

5 両足を相手の足と平行になるようにして、引手を相手の上腕にロック

2 釣手を相手の腕の上から下方向に圧力をかけて押さえつける

3 相手が上方向に反発する力を利用して、釣手を上げ、軸足を踏み出す

6 そのまま釣手を引きながら、相手の身体を担ぐ

7 担いだ相手を背負って投げきったところで、一本背負投が成功

一本背負投（釣手上）・基本解説

上から腕を押さえつけ、相手の反発力を利用する

釣手を上にしたケンカ四つでは、身長が高い相手に対しても釣手を下に押さえつけやすい状態になる。これに相手が反発し、腕を上に上げようとする力を利用することで、スムースに一本背負投をかけることができる

POINT　釣手の手首とひじの動きは縦から横、横から内へ

相手の腕に下方向の圧力をかけるときの釣手は、縦手首、縦ひじの状態

相手の反発力を利用して釣手を上げるときは、横手首、横ひじの状態

一本背負投をかけるために相手を担ぐとき、釣手は内手首、内ひじの状態

一本背負投から小内刈

相手の腰が引けたところを狙って小内刈

1 自分より身長の高い相手とケンカ四つで組み、引手をとり合う状態

2 釣手で下方向に圧力をかけ、一本背負投をかける動作に入ると見せかける

3 相手が反発する力を利用し、釣手を持ち上げて一本背負投の動作に入る

POINT 回転するときに顔を上げると相手に返される

小内刈の動作に移るときは相手の顔を上げずに行う。写真のように顔を上げない

顔を上げてしまうと前への力が弱まり、相手に逆襲を受けることになる

その結果、写真のように帯をつかまれるなどして対応されてしまうので要注意

一本背負投をかけると見せかけ、小内刈に切り替える連絡技です。この技がなぜ効果的かと言うと、一本背負投をかけようとすると相手がそれを警戒し、腰を引き重心を後ろに傾けるケースがあるからです。なお、このケースでは本来の軸足が刈足に、刈足が軸足に変化するので覚えておきましょう。

4 引手を相手の上腕の下に入れ、身体を回転させて一本背負投をかけると思わせる

5 相手が重心を後ろに傾けたら、回転せずに刈足を入れる。このとき、顔を上げない

6 小内刈に切り替え、刈足を相手の刈足の後ろにかけ、上半身を固定させて相手を押す

7 小内刈をかけたことで、相手が重心のバランスを崩す

8 相手が完全に倒れたところで、一本背負投から小内刈への連絡技が成功

区画Fを攻略する

	相四つ	ケンカ四つ
対高身長	A	D
対同身長	B	E
対低身長	C	F

本書で紹介する区画F攻略に有効な基本技

[BIG 6]払腰（はらいごし）／[SMALL 4]小外刈（こそとがり）から払腰（はらいごし）

[BIG 6]内股（うちまた）(釣手上)／[SMALL 4]内股（うちまた）から小外刈（こそとがり）

[SMALL 4]内股（うちまた）から小内刈（こうちがり）

対低身長の対戦相手

組手はケンカ四つ

相手の釣手が上がらないようにあごで押さえる

　区画Fにおいて、自分より相手が低身長の場合、自分の釣手は上から持つことが多くなります。この上から持った釣手がゆるみ、相手の釣手の位置が上がってくると、相手に技を仕掛ける余裕を与え、おおむね不利な状況になります。

　そこで、「上からは閉じる」をテーマにして、「縦手首」と「あご」を使いながら、相手の釣手が高い位置に上がってこないように心がけることが大切になります。この技術も区画Dと同様、片手のみで行うケースと、「引手」との共同作業で両手を使って行う2種類ができるとより効果的です。

　ここでの有効な技は、「BIG 6」の払腰、内股、「SMALL 4」の小外刈、小内刈などがあげられます。

縦手首にしてあごを使って相手の釣手を押さえる

区画F攻略に有効な技

【BIG 6】
払腰、内股
【SMALL 4】
小外刈から払腰、内股から小外刈、内股から小内刈
【その他】
巴投、隅返

区画F攻略の基礎知識 | 173

払腰
はらいごし
正方形ボックスを固定した足車風の払腰

自分より身長が低い相手と対戦するときは相手と目線が合わないので、内股だけを狙っていると読まれやすく、技をすかされてしまうことがよくあります。そこで、内股と見せかけてから払腰をかけると、相手が技をすかせなくなるのでとても効果的です。ここでは、通常の払腰と少し異なり、ボックスを固定したまま足車風にかける払腰を紹介します。

1 ケンカ四つで組むとき、釣手を相手の腕の内側に入れ、正方形ボックスを固定

4 そのままの勢いで引手を引き、相手の身体のバランスを前方に崩す

5 刈足を相手の足にかけたまま、横回転で相手を投げる

2 正方形ボックスを固定したまま、投げる形をつくった状態で払腰の動作を始める

3 ボックスを固定したまま回転し、刈足を相手の軸足の外側まで伸ばす

6 身動きのとれない状態の相手は、足をかけられると対応できない

7 相手の身体を投げきったところで、足車風の払腰が成功

釣手を中入れひじにしてケンカ四つを組む

釣手を相手の腕の外側に出して払腰をかけるパターンもあるが、これは釣手の中入れひじを使ったパターン。釣手は、縦手首、縦ひじの状態になっている

逆アングル

逆アングルから見ると、釣手が内側に入っているのがよくわかる。この状態で正方形ボックスをつくり、しっかり固定したまま払腰をかける

軸足は最短距離で動かし、そのまま払腰をかける

上半身を固定したまま、足の運びだけで払腰をかけるため、一歩目の踏み出しはほとんどない

軸足を刈足の後ろ側に動かすときは、最短距離で素早く行うことがポイント

刈足を上げた状態。この刈足に体重を乗せるようにして、相手の上半身を固定したまま投げる

| **POINT** | **自分の体重をかけて、回転の力を利用する** |

足をかけたら、引手と釣手を固定し、横回転の力を使う。相手との間にあるボックスが維持できていることがわかる

ボックスを固定することにより、上半身を横回転させるだけで相手は対応できない

相手を投げきるときも、釣手が固定されていることがわかる。ボックスが崩れると回転の力が伝わりにくくなり、自分のバランスを崩してしまう

小外刈から払腰

相手を前後に揺さぶって、払腰をかける

1
外出しひじとあごを使って正方形ボックスをつくり、刈足を踏み出して払腰をかける動きを見せる

2
相手の重心が後ろになったところを狙って、今度は小外刈をかける動作に移る

3
相手がすぐに小外刈に反応して、小外刈をかわそうとする

POINT 相手の重心がどのように移動するかを確認しよう

最初に払腰など前に投げる技をかけると見せたときは、相手の重心は後ろに傾く

小外刈をかけると見せかけるときは、それに反発して相手の重心が前方向に移る

重心が前がかりになったタイミングを狙って払腰を決めることがポイント

自分よりも身長が低い相手は、さばきがうまい可能性があります。そこで、一度で技をかけるのがむずかしい場合は、いくつか技を連続させる必要があります。ここでは、外出しひじのケースで前に投げる動作を入れてから、後ろに倒す小外刈をかけると見せて、最後に払腰で仕留めるという連絡技を紹介します。

4 相手が足を後ろに外し、完全に小外刈がかわされた状態になる

5 相手が後ろに下がったことにより、相手との間にスペースが生まれる

6 そのスペースを利用して、すかさずひし形ボックスをつくり、身体を回転させて払腰の動作に入る

7 刈足を外側に伸ばし、身体を回転させながら引手を上げながら相手を前方に引き出す

8 相手が後ろから前に重心を移したタイミングを狙うと、払腰は成功しやすい

内股（釣手上）
うちまた

釣手を上にして身長の低い相手に内股をかける

自分より身長の低い相手と対戦するときは、通常、釣手が上にある状態になります。ここで紹介する内股も、上から釣手を持ったパターンです。腕の長い選手は、釣手を入れて閉じた状態にすると窮屈になるので（中入れひじ）、外出しひじでボックスをつくり出した状態で投げることがポイントになります。固定することで、相手は内股に対応できなくなるからです。

3 ひし形ボックスをつくり出した状態で、バランスを保ちながら軸足を刈足の後ろで回転させる

7 相手を投げたところで、内股が成功

6 釣手と引手を回し、相手の身体を腰に乗せて刈足を跳ね上げる

2 引手の手首を返し、ひし形ボックスをつくって刈足を踏み出す

1 ケンカ四つで組み、外出しひじとあごで押さえることで相手の釣手を自由にさせない

5 軸足でバランスをとりながら、刈足を相手の足の内側に入れる

4 軸足は刈足の近くを通して回転させる

内股（釣手上）・基本解説

あごで押さえて、相手の釣手を自由にさせない

あごを使って押さえることで、相手は釣手を自由にできなくなる。これにより正方形ボックスを固定し、内股をかけやすい状態にできる

✗ **あごで押さえていない**

あごで押さえない状態では、相手が釣手の位置を自由に動かすことができるので、正方形ボックスを固定することがむずかしくなる

POINT 》 正方形ボックスから一瞬でひし形ボックスに変化させて投げる

内股に入る前までは、釣手と引手で正方形ボックスをつくり、固定した状態にしておくことがポイント

引手を引き上げるときにひし形ボックスに変化させ、自分の身体を回転させるスペースをつくる

刈足を跳ね上げるまで、身体を回転させながら、引手でバランスを保つ

内股から小外刈
相手が後ろに重心を傾けたときに小外刈

1 ケンカ四つを組んで正方形ボックスをつくり、内股の動作に入る

2 ボックスを固定したまま、一瞬引手を引き上げ、身体を回転させる

3 相手が警戒して、内股をかけられないように踏ん張る

POINT　内股のときは閉じて、小外刈のときは開く

引手を上げて開いた状態

引手を下げて閉じた状態

この連絡技のポイントは、引手の動かし方にある。内股をかけるときは、引手を持ち上げて開いた状態になる。しかし、小外刈に切り替えるときには、引手を下げて閉じた状態にする。閉じないまま小外刈をかけようとすると、相手に技を返されてしまうので要注意

内股をかけようとしたときに相手が踏ん張り、後ろに重心を傾けたタイミングを狙って小外刈に切り替えるという連絡技です。内股をかけるときは引手を引き上げて開いた状態ですが、小外刈をかけるときは引手を下げて閉じた状態にします。このポイントを忘れると、技を返されるので注意しましょう。

相手が後ろに重心を傾けたので、足を後ろに下げて小外刈に切り替える

小外刈をかけるために、釣手を下げて閉じた状態にする

刈足を相手の足の裏側に回し、釣手と引手で相手を固定してバランスを崩す

刈足をかけたまま、バランスを保ちながら相手を後ろに投げる

相手の身体が完全に倒れたところで、内股から小外刈の連絡技が成功

内股から小内刈

内股で相手が踏ん張ったところに小内刈

1 外出しひじとあごで正方形ボックスをつくり、隙を狙って内股の動作に入る

2 正方形ボックスを固定したまま、一瞬引手を引き上げ、身体を回転させる

3 相手が嫌がって、内股をかけられないように踏ん張る

POINT 相手の重心が後ろになっていることを察知する

この連絡技を成功させる最大のポイントは、相手の重心の後ろへの傾きを察知することにある。内股をかけようとすると、当然相手は嫌がって踏ん張るので、そのタイミングが好機となる

ここで紹介する連絡技も、内股をかけようとして相手の重心が後ろに傾いたことを利用し、小内刈に切り替えるという連絡技です。内股をかけようとすると、相手はそれを嫌がって踏ん張った状態になります。すると、重心が後ろに傾いた状態になるので、そのタイミングを逃さずに小内刈に移ることが重要になります。

4　強引に内股をかけようとすると、さらに相手の重心が後ろに傾く

5　相手の重心が後ろになったタイミングで小内刈に切り替える

6　小内刈をかけるために、刈足を相手の軸足の後ろにあてる

7　釣手と引手で相手を固定し、相手の軸足を後ろから刈る

8　相手が後ろに倒れたところで、内股から小内刈の連絡技が成功

監修者プロフィール

上水研一朗
(あげみず・けんいちろう)

東海大学男子柔道部監督、同大学体育学部武道学科准教授。小学校5年生から本格的に柔道を始め、八代第三中学、東海大相模高校を経て東海大学に進学し、大学卒業後は、同大大学院に進み、綜合警備保障株式会社に所属。現役時代は重量級選手として活躍した。現役引退後は、米国アイダホ州立大学へ留学し、同大学で授業を持つかたわら現地の柔道クラブで指導を行う。帰国後の2008年1月より、母校である東海大学男子柔道部監督に就任。就任1年目から2014年にかけて、同柔道部を全日本学生柔道優勝大会7連覇に導くなど、卓越した指導力を発揮するほか、男女のオリンピアン、メダリストを多数育て、選手育成における評価も高い。1974年6月7日生まれ、熊本県出身。

撮影協力

羽賀龍之介
（はが・りゅうのすけ）

1991年4月28日生まれ／100kg級。幼少期は柔道と水泳を掛け持ちしていたが、小学生から柔道に専念。東海大学へ進学後は、全日本学生優勝大会6連覇に貢献し、世界ジュニア優勝、講道館杯連覇など、日本の中心的存在に。大学卒業後、大学院進学を兼ねて旭化成入社。2015年アスタナ世界柔道選手権金メダル。翌年のリオ五輪でも銅メダルを獲得した。代名詞である内股は多くの観衆を魅了する。

王子谷剛志
（おうじたに・たけし）

1992年6月9日生まれ／100kg超級。柔道を始めたのは7歳。東海大学4年時の全日本選手権で初優勝。石井慧以来の学生での全日本王者となる。その後、全日本学生優勝大会7連覇に貢献し、大学卒業後、旭化成に入社。2016年2度目の全日本選手権制覇。その後、グランスラム東京、パリ大会を連勝するなど東京五輪へ向け大きな期待を受けている。得意技の大外刈を中心にダイナミックな柔道を展開する選手。

永山竜樹
（ながやま・りゅうじゅ）

1996年4月15日生まれ／60kg級／東海大学柔道部所属。4歳で柔道を始め、大成高校時代にはアジアジュニア、全日本ジュニアなどで優勝。東海大学進学後も、世界ジュニア、講道館杯、グランドスラム東京、全日本選抜体重別選手権と立て続けに優勝。2017年世界選手権代表に選出されている。小柄ながら破壊力抜群の担ぎ技、跳ね技を持ち、小さな巨人として東京オリンピックを目指し邁進している。

中矢力
（なかや・りき）

1989年7月25日生まれ／73kg級。幼稚園の時に兄が入っていた柔道会で柔道を始める。東海大学4年時の2011年にパリ世界柔道選手権金メダル。大学卒業後、ALSOKに入社。翌年のロンドン五輪では決勝で惜しくも敗れるも銀メダルを獲得。2014年チェリャビンスク世界柔道選手権で2度目の金メダルを獲得した。担ぎ技を主体とした立ち技と寝技を得意とするいぶし銀が持ち味の選手。

吉田優也
（よしだ・ゆうや）

1989年4月28日生まれ／90kg級。中学、高校と全国大会で優勝。東海大学進学後には、全日本学生優勝大会4連覇に貢献し、グランプリデュッセルドルフで優勝するなど日本を代表する選手に。卒業後は、旭化成に入社し、2014年仁川アジア大会、2015年アスタナ世界選手権団体金メダル等の成績を収めている。担ぐ、刈る、跳ねる、を体現できるオールラウンドプレイヤー。

撮影モデル（本編）

東海大学男子柔道部のみなさん

撮影モデル（基礎運動）

上水緒久実さん(左)、上水実弥美さん(中央)、上水泰史朗くん(右)

パーフェクトレッスンブック

話題の最新刊

サッカー
ゲームメークの教科書
柏木陽介 監修

サッカーの試合を制する
「駆け引き」の技術

本体価格 1600円+税

ゴルフの教え方、教えます！
石井忍＆
エースゴルフクラブ 監修

ゴルフを教えながら
自分もうまくなる！

本体価格 1500円+税

バドミントン
基本と戦術
大屋貴司 監修

最強チーム埼玉栄高校が
徹底監修の
バドミントン教本決定版！

本体価格 1400円+税

ボルダリング
基本ムーブと攻略法
野口啓代 監修

ボルダリングの世界女王・
野口啓代が徹底監修！

本体価格 1700円+税

弓道
基本と上達法
福呂淳、加瀬洋光 監修

世界大会優勝者を生んだ
練習法、鍛練法が
よくわかる！

本体価格 1500円+税

剣道
基本と戦術
井島章 監修

試合に勝つための
仕掛け技を習得！

本体価格 1400円+税

実業之日本社

STAFF
編集・執筆　中山 淳（有限会社アルマンド）
写真　小林 司
カバーデザイン　柿沼みさと
本文デザイン　田中図案室
本文DTP　加藤一来

パーフェクトレッスンブック
柔道 基本と戦術

監　修　上水研一朗（あげみずけんいちろう）
発行者　岩野裕一
発行所　株式会社実業之日本社
　　　　〒153-0044　東京都目黒区大橋1-5-1　クロスエアタワー8階
　　　　［編集部］03-6809-0452　　［販売部］03-6809-0495
　　　　実業之日本社ホームページ　http://www.j-n.co.jp

印刷・製本　大日本印刷株式会社

©Kenichiro Agemizu 2017 Printed in Japan　ISBN978-4-408-45620-1（第一スポーツ）

本書の一部あるいは全部を無断で複写・複製（コピー、スキャン、デジタル化等）・転載することは、法律で定められた場合を除き、禁じられています。また、購入者以外の第三者による本書のいかなる電子複製も一切認められておりません。

落丁・乱丁（ページ順序の間違いや抜け落ち）の場合は、ご面倒でも購入された書店名を明記して、小社販売部あてにお送りください。送料小社負担でお取り替えいたします。ただし、古書店等で購入したものについてはお取り替えできません。
定価はカバーに表示してあります。
小社のプライバシーポリシー（個人情報の取り扱い）は上記ホームページをご覧ください。

1705(01)